キリスト教とイスラーム

L. ハーゲマン

キリスト教とイスラーム

対話への歩み

八巻和彦
矢内義顕 訳

知泉書館

Christentum contra Islam

by

Ludwig Hagemann

日本語版へのまえがき

この『キリスト教とイスラーム——対話への歩み』は、一九九九年にドイツ語で出版されたのに引き続き、二〇〇一年にはイタリア語に翻訳され、さらに二〇〇二年にはアラビア語で刊行された。それに続いて、今、日本語版としても刊行されることは、私にとって嬉しいことです。このために労をとり働いてくださったすべての方々に対して、とりわけ東京の早稲田大学の教授である八巻和彦氏と矢内義顕氏に対して、感謝申し上げます。

今回の日本語訳によって、この本はさらに広い範囲の読者と文化に開かれることになります。すなわち、日本語を用いる人々が、この本が扱っている著作家とその原典への通路を手に入れることになるのです。この開かれた道は、双方の偏見——とりわけキリスト教徒とムスリム（イスラーム教徒）との間に何世紀にもわたって培われてきた——を取り除き、世界規模の未来を共同して扱うことを可能にする重要な一歩となります。そうすれば、多くの人が呪縛されている〈文明の衝突〉（H・ハンチントン）も意味を失うことになるでしょう。

日本語に翻訳されたこの本が、異なった文化圏相互の関係をより近いものとするために貢献することを希望しつつ。

マンハイムにて　二〇〇二年九月

ルートヴィッヒ・ハーゲマン

まえがき

未来を制しようと欲する者は、過去を忘れてはならない。排除や闇に葬ることによって過去を清算すること、歴史をしまい込むことは、共通の未来を築くために——それが重要であるだけに——有用な方途ではない。このことはキリスト教徒とムスリムの関係にも妥当する。キリスト教とイスラームという二つの宗教を結びつける数多くの親近性にもかかわらず、歴史の進行過程では互いが兄弟姉妹のように付き合うことはほとんどなかった。むしろ逆であった。双方に共通する過去は、論争と護教論の、また攻撃と猜疑の不幸せな歴史が主潮であった。確かに両者の歴史は、文化的な豊饒の時代や宗教的な相互理解の時代を体験している——とりわけスペインの一度イスラーム化された地域においては——のだが、しかしながら、競争と対決、征服と再征服、戦争と作戦行動、大量殺戮と大虐殺が支配的であった。実際、〈キリスト教—イスラーム〉関係の歴史は血にまみれている。宗教の名前で闘われ、戦争は聖戦とされ、この戦さで死ぬことは賞賛に値することとされた。常に、影響力と権力と覇権、それもイデオロギー的な、政治的な、軍事的なそれが重要であった。

西洋のキリスト教史の要点をひもとくだけでも、不寛容な排他主義による悲劇の量の多さが明らかとなる。論争的－護教的にせよ、また宣教戦略的あるいは軍事的にせよ、真理と権力の独占権が要求され、それはいかなる手段をもってしても貫徹されねばならなかった。キリスト教徒もムスリムもそれぞれのイデオロギーを狂信して、互いに相手を言葉と武器の血なまぐさい闘いに引きずり込んだ。「西洋におけるイスラーム像」にとっては、上述のような応酬が惨憺たる結果をもたらしたのであり、それは今日にいたるまで影響を与えているのである。

キリスト教とイスラームの融和の実現をめざす、倦むことを知らない先駆者であるドミニコ会のアナワティ師が、一九八六年にウィーン近郊のメトリングの聖ガブリエル神学大学で開かれた「第五回宗教神学研究集会」で表現したとおりに、(1)今なお「ある種の反コーラン的な狂犬病」の形成が放置されているのである。それに加えて、過去十年間にヨーロッパに再び高まった政治的なイスラーム不安がある。それは、一方において過激なイスラーム主義者によって掻き立てられ、他方においてキリスト教原理主義者によって効果的に利用されている。それゆえに以下のような問いが生じてくるのである。過去が再びわれわれに追いついてくるのだろうか。イスラームの歴史的な敵対像が、われわれの時代にも再登場するのだろうか。古傷が癒えないうちに、新しい傷口があけられるのだろうか。

イスラームの敵対像を広めたのは、過去においてはキリスト教徒であった。意識的にせよ無意識的にせよ、今日それを調達しているのは、自らが宣伝するイスラーム的な神の国を暴力とテロによって樹立しようとしている、あのイスラーム主義的な数々の集団である。

キリスト教対イスラーム――キリスト教徒とムスリムの間の挫折した関係のこのような歴史は、過去のことである。だから、この過去を繰り返させてはならない。しかし、それは忘れ去られてはならない。それは更新されねばならないのである。この研究書はそのために貢献したいと考えている。この研究は同時に想い出と悲しみの研究だと、われわれはみなしている。キリスト教とイスラームという二つの宗教にのしかかる歴史的負い目の回想には、あの何世紀にもわたる悲劇についての慰められることのない悲しみが混じっている。その悲しみは、キリスト教徒とムスリムの間の挫折した関係の歴史のなかに、突然出現するのである。このような負い目の多い過去を面前にして、罪を互いになすりつけ合うことは、もはや助けにはならない。「人は皆、罪を犯している」(ローマの信徒への手紙、三章二三節)という洞察のみが、キリスト教徒とムスリムの間の関係に根本的な転換をもたらすのである。二十世紀の六〇年代中頃以来、キリスト教側において新たな方向づけにつながってきた多くの発意が、イスラーム世界でも耳を傾けられており、あちら側においても善意のシグナルが偏見のない共鳴を得ているという事実は、互いに相手に敬意を払いつつこの世界で手を携えて生き、さらに生き延びてゆくことが可能となるための、未来に向かっての唯一の希望である。

これに成功するときにのみ、議論のかまびすしい米国の政治学者サミュエル・ハンチントンの理論が、再生不可能なものとなるであろう。なぜならば、現代の世界状況の解釈モデルとしての文明間の根本的な相違と迫り来る衝突という主張の誤りであることが、明らかになるのだからである。(2)

この研究書の完成に際して、私は以下の協力者に謝意を表する。秘書のガブリエル・ラートさんは煩わしいテキストの収集作業を、助手のフランツ・ノイヒル氏は神学修了生オリヴァー・レーレク氏と共に有益な示唆と訂正の提案を、アレクサンダー・マイシャイン氏と神学修了生イェンツ・ヴェルナー氏は注意深い校正作業を、それぞれ担ってくれた。必要な文献の照合をしてくれた神学修了生アレクサ・クヴィンナーさんにも感謝する。また、最後に、出版社「学術文献協会」(Wissenschaftliche Buchgesellschaft) にも、出版に際しての開放的で専門知識に富んだ配慮に感謝する。

もし、この書物に示された悲しい過去を見やることから、共同して築くべき未来への責任感が処々に育ってくるならば、この書物はその目的をはたしたことになる。

マンハイムにて　一九九九年三月

ルートヴィッヒ・ハーゲマン

目次

略 号 表

AHD	Archives d'Histoire doctrinale et littéraire du moyen âge, Paris 1926ff.
AOL	Archives de l'Orient latin, Paris 1881-84.
CH	Church History, New York-Chicago 1932ff.
CSEL	Corpus scriptorum ecclesiasticorum latinorum, Wien 1866ff.
DH	Denzinger, H., Enchiridion symbolorum etc., hrsg. v. P. Hünermann. Freiburg-Basel-Wien ^{37}1991.
DHGE	Dictionnaire d'histoire et de géographie ecclésiastiques. (publié par A. Baudrillart etc., Paris 1912ff.)
DThC	Dictionnaire de théologie catholique, publié par Vacant et E. Mangenot, succédé par E. Amann, Paris 1930ff.
EIs	Enzyklopädie des Islams, Leipzig 1931-38.
HdK	Handbuch der Kirchengeschichte, hrsg. v. A. J. Jedin, Freiburg 1962-74.
HJ	Historisches Jahrbuch der Görres-Gesellschaft (Köln 1880ff.), München 1950ff.
HW Islam	Handwörterbuch des Islam, hrsg. von A. J. Wensink u. K. H. Kramers, Leiden 1941.
JEH	The Journal of Ecclesiastical History, London 1950ff.
LThK	Lexikon für Theologie und Kirche, Freiburg 1930-38.
$LThK^2$	Lexikon für Theologie und Kirche, Freiburg 2. Aufl. 1957-67.
$LThK^3$	Lexikon für Theologie und Kirche, Freiburg 3. Aufl. 1993ff.
MAH	Mélanges d'archeologie et d'histoire, Paris 1880ff.
MFCG	Mitteilungen und Forschungsbeiträge der Cusanus-Gesellschaft, Mainz 1961ff.

MIDEO	Mélanges de l'Institut Dominicain d'Études Orientales du Caire, Cairo 1954ff.
MOG	Raymundi Lulli Opera omnia, Mainz 1721-42, Nachdruck Frankfurt/M. 1965.
MThZ	Münchener Theologische Zeitschrift, München 1950ff.
NEIs	Encyclopaedia of Islam. New Edition, Leiden 1960ff.
NvKdÜ	Schriften des Nikolaus von Kues in deutscher Übersetzung. Lepzig 1932ff. Hamburg 1949ff.
NZM	Neue Zeitschrift für Missionswissenschaft (Immensee), Beckenried 1945ff.
OrChrP	Orientalis Christiana periodica, Rom 1935ff.
PG	Patrologia Graeca, publié par J. P. Migne, 161Bde., Paris 1857-66.
PL	Patrologia Latina, publié par J. P. Migne, 217Bde., Paris 1878-90.
RAC	Reallexikon Antike und Christentum, Stuttgart 1950ff.
ROL	Raimundi Lulli Opera Latina, ed. F. Stegmüller u. a., Palma de Mallorca 1959-67; Turnhout 1975ff.
StA	Studia Anselmiana, Rom 1933ff.
TRE	Theologische Realenzyklopädie, hrsg. von G. Krause/G. Müller, Berlin-New York 1976ff.
ZDMG	Zeitschrift der deutschen morgenländischen Gesellschaft, Lepzig 1847ff.
ZMR	Zeitschrift für Missions-und Religionswissenschaft, Münster 1928ff.

ここに記載されていない省略記号については，S. Schwertner, Theologische Realenzyklopädie —— Abkürzungsverzeichnis, Berlin-New York (2., überarb, u. erw. Auflage) 1993 に従う．

キリスト教とイスラーム

——対話への歩み——

序

世界で第二の大きな宗教であるイスラームは、今日、その宗教・政治的ルネッサンスを目指す熱意の結果として、改めて世界政治的な次元に到達した。その揺籃の地は、本来の世界的出来事からは遠く離れて、アラビア半島――今日のサウジアラビア――にあった。シリアから発してアラビア南部に達していたいわゆる乳香街道に沿って位置する三つの都市が、もっぱら大きな意味をもっていた。これらのなかでも最大の都市であるメッカは、古来からの中心的な聖地を有していた。カアバは当時の交易の中心地であった。ヤスリブ、後のメディナは、かなりの数のユダヤ人住民を有するオアシスであり、ターイフは、アラビアの女神アッラートの礼拝の場所であって、メッカと競合していたが、それよりは劣勢の交易小都市であった。貨物輸送に基づいて北部シリアとの関係は存在していたものの、イスラームが発祥した地域は、全体としてみれば世界的出来事の周縁に位置していた。

世界政治は別の場所で営まれていた。ビザンツ帝国とペルシア帝国との覇権争いが、当時の出来事を支配していた。アラビア半島もこの二つの大国の影響下にあったが、本来的な戦争の舞台は、小アジアの東部であり、エジプトに至るシリア・パレスティナ地域であった。ビザンツ帝国の皇帝ヘラクレイオス（在位六一〇－四〇年）は、ペルシア人によってビザンツ帝国が奪い取られた地域――エジプト、パレスティナ、シリア――を再征服することに成功するとともに、さらにペルシアに侵攻して、六二九年には決定的に撃破することに成功した。しかしこの成功も長続きはしなかった。

ビザンツとペルシアという二つの帝国は、相互の長期にわたる激しい対決によって疲弊し弱体化していた。このことによって両帝国が形成することになった力の空白を埋めることができたのは、その信仰の力によって結集したムスリムとしてのアラブ人であった。すでに六三六年の夏、つまりムハンマドの死の四年後に、ビザンツ軍はガリラヤ湖の東のヤルムークの戦闘で撃破され、その一年後にはペルシア人が、その首都セレウキア・クテシフォンを占領された。ペルシア人はもう一度全力を傾けて防衛しようと試みたものの、その努力は無駄であった。六四二年にニハーヴァンドの戦いでムスリム・アラブ人に敗れ、ササン朝の帝国は破滅にゆだねられた。

ビザンツは生き延びた。しかし、くりかえしイスラームの拡張する圧力にさらされ続けた。六三八年にエルサレムが陥落し、その二年後には、ビザンツのパレスティナにおける稜堡であったカイサリアが陥落した。六三九年にはアムル・イブン・アースがエジプトの国境を越え、六四〇年にビザンツ軍は現在の大カイロの北西においてバビロン城砦の前で撃破された。その城砦は、それが有していた塁壁構造の'fossatum'（堀）という名称にちなんで「フスタート」と改名されたが、現在では、旧カイロの市域の中にある。この撃破によって、本来的なビザンツの拠点であったアレキサンドリアへの通路が開かれた。六四二年にその明渡しの時がきた。とはいえ、ビザンツ軍は三年後にはもう一度この都市を——少なくとも数か月は——取り戻すことに成功した。その後、この都市も最終的にムスリム・アラブ人の手に落ちた。エジプトにおけるビザンツ帝国の支配の終結が確定したのだった。

これでアラブ人の攻撃が終わったわけではなかった。ビザンツ帝国は引き続き脅威にさらされた。中世になると激しい海戦が燃え上がった。アラブ人はエジプトからビザンツの属州アフリカに進撃した。ここでもビザンツ帝国の支配の終結がきざしていた。北アフリカにおける宗教的かつ軍事的中心として、現在のチュニジアに都市カイラワーンが建設されたことによって、ムスリム・アラブ人はカルタゴおよびそれ以外の北アフリカ地域を征服するために好都合な出撃点を形成したことになった。カルタゴが陥落した時（六九八年）、皇帝レオンティオス（在位六九五－九八年）は艦隊を派遣して対応したが、手遅れであった。アラブ人のカルタゴに対する新たな進撃の前に、ビザンツ軍は抵抗することなく退却した。こうして七〇九年には北アフリカ全体がムスリムの手に入った。(1)

南東部と北アフリカの諸州すべての喪失によって、ビザンツはその支配領域の大部分を失うに至った。その結果として、この地域は今日までイスラーム世界の中核地域に属している。約八〇年の間に、アラビア半島の「成り上がり者」(2)から宗教・政治的強国が成立したのである。

イスラームは、その成立と初期の拡大の際に、発祥地においてさまざまな宗教集団に出会ったのだが、それらはこの地域においてすでに長い歴史を有しているものであった。その中にはユダヤ教徒やキリスト教徒もいた。西暦七〇年のローマ人によるエルサレムの破壊以来、ユダヤ人はアラビアに移住して、西側の隊商路つまり上述の乳香街道沿いのオアシスに住み着いていた。キリスト教徒もこの道のあちこちに到達していた。とりわけ、四世紀および五世紀のキリスト論に関わる諸対立の経過の中で、単性論者とネストリオス派はここに避難場所を見出して、こうすることでビザンツの帝国教会の追及から逃れることができた。

イスラームの創始者ムハンマド（五七〇頃―六三二年）は初め、世代から世代へと伝えられてきたアラブ人古来の信仰理解をメッカの同郷人と共有していた。彼の故郷の都市メッカの当時の実情を前提として判断すれば、その時に彼は、ユダヤ教およびキリスト教のイメージを、伝え聞くという仕方で、少なくとも痕跡的には知っていたであろう。その地の大きな市場に姿を見せる隊商の列、商人および貿易商人、ならびに彼の故郷の都市で開催されて毎年各地から人々を引き寄せる祭りが、メッカをさまざまな宗教的イメージのるつぼに、また、北はシリアから南はイエメンに至る地域の精神的な積み替え地にしていたのである。

ムハンマドのユダヤ教徒およびキリスト教徒に対する関係は、彼の預言活動の最初の数年間には、偏見にとらわれず濁ったところのないものであったように見える。彼にとってユダヤ教徒とキリスト教徒は、「啓典の民」であり、その聖典に記されているとおりに古い時代からの神の啓示の名宛人であった。それを今度は彼つまりムハンマドが、自分の同郷人に告げていたのである。ムハンマドは神の啓示の内容的な同一性を確信しつつ、自分と自分の任務を、預言者の歴史と人間の歴史とからなる、あの偉大な遣わされた者たちのもつ共通性の中にあると見なしていた。彼にとってその連続性は、根源的で純粋な宗教の告知者であるアブラハム、トーラーの告知者であるモーセ、福音の告知者であるイエスらの名前と結び付いていた。これが彼のイメージであった。しかし時の経過とともに彼の考えは変化したようだ。なぜムハンマドが、自分とその告知をユダヤ教とキリスト教の伝承から際立たせようとすることになったのか、さらにはこれらを非難するにまで至ったのか、これらのことは、コーランにおける言葉に基づきながら以下で説明されるであろう。その際、われわれの眼差しは、主としてコーランのキリスト教徒に関する評価に注がれることになる。

I　コーランの理解するキリスト教——出会い—誤解—対決

一　ムハンマドの神学的前提　神の啓示の一体性

すでに述べたように、ムハンマドは、彼の告知が彼以前のユダヤ人とキリスト教徒の啓典の連続性の中にあると見なした。すなわち、「これ（コーラン）は、われわれ（アッラー）が下した書物であり、それ以前にあったものを確証する祝福された書物である」（コーラン六章九二節）[1]と述べられているとおりである。神の啓示の一体性は、多様な啓典——ムハンマドにとっては、特にトーラー（律法）、福音書、コーラン——によっても損なわれることはなく、それらの内容的な同一性によってはっきりと確証されるのである。神の啓示が根本的には常に同一である以上、最終的には、さまざまな仕方で展開している一つの宗教だけが存在する。そして、特にコーラン三章八四節——ムハンマドのメディナ期の告知に属するスーラ（章）——が述べるように、この一体性を保持することこそが重要なのである。というのも、「神はわれわれの主であり、またお前たちの主でもある」（同四二章一五節、二章一三九節、二九章四六節）からである。

コーラン五章四四－四八節は、上の三つの啓典の間の関係とそれらの相互の内的な順列を詳しく述べている。すなわち、これらは、神からモーセ、イエス、そしてムハンマドに下されたのち、相互に確証し合い、時間的には最後に神から到来した書であるコーランが、それ以前の二書を確証し、これらもまたコーランを確証するのである。したがって、三つの啓典すべてが一体と見なされるべきであるが、最終的には、一冊の聖なる書だけが存在する。それは「啓典の母」と呼ばれ（同三章七節、四三章四節参照）、コーラン一三章三九節によると、神のもとに保管され、時の経過に従って、それぞれの言語によって人間に与えられるのである。こうした啓示の神学的な構想によって、ムハンマドは、メディナ期の彼の告知まで、自らが信じた神の啓示の根源的な一体性とその内容的な同一性を、あらゆる反論に抗して保持しようとしたのである。

二　自己の特徴づけによるユダヤ人およびキリスト教徒との境界設定

しかし、ユダヤ人もキリスト教徒も、神の啓典の内容的な同一性に関してムハンマドが抱いていた揺るぎない確信を自分たちのものにしようとはせず、さらに彼の期待に反して、彼らはイスラームを時間的に最後の啓示として認めることも、その仲間に加わることも拒否したということが時とともに判明してきたので、ムハンマドは彼らに対する態度を変更した。まずユダヤ人、ついでキリスト教徒から距離を置こうとする気持ちが、次第に彼のうちに募ってきた。決定的な理由は、単に宗教的－内容的な理由だけでなく、何よりも政治的－実践的な理由、つまり彼の共同体の存立基盤を確保することおよびその内部的な強化ということであった。アラビア半島における全般的な支配権をイスラームに獲得させるために、徐々にユダヤ人部族の勢力を駆逐し、さらにはキリスト教徒による影響力の可能性をも抑えた末、ついに、ユダヤ人とキリスト教徒を征服し、彼らをイスラーム共同体の庇護のもとにおけ、との決定的な命令が出されたのである（コーラン九章二九節参照）。というのも、神のもとではイスラームこそが唯一の真の宗教だからである（同三章一九節、四八章二八節、五章三節参照）

三　ムハンマドとキリスト教徒

ムスリムの聖典であるコーランにおいて新約聖書に由来する諸伝承が占める場所は、旧約聖書のそれよりもはるかに少ない。ムハンマドは「福音書」（indjīl）という名称で新約聖書の諸書を一括したが、明らかに、新約聖書には他にも多くの書物が含まれていることを知らなかったのである。個々の言及、類似点、関連箇所は別として、本質的に重要なことは、以下の神学的に関連しあう章句であり、これらは新約聖書の諸伝承とその周辺にさかのぼるものである。

・コーラン一九章一―三三節はメッカ期のもので、ザカリア〔ザカリーヤー〕への告知に始まる、イエス〔イーサー〕の幼児期物語を含んでいる。(2)

・コーラン三章三三―五七節はメディナ期のもので、マリア〔マルヤム〕の誕生から始まり、イエスの幼児期物語に関する描写を含んでいる。(3)

・コーラン四章一五七―一五八節は、イエスの十字架に言及し、それが虚構として否定される。この箇所もメディナ期に由来する。

・コーラン五章一一〇―一二〇節はさまざまな出典箇所を含んでいる。ここで重要なことは、上述の幼児期物語に見出されるイエスの奇跡、ついで、最後の晩餐（マタイ福音書二六章二〇節以下、平行記事）をそれとなく示唆していると思われること、あるいはまた、ヤッファで使徒ペトロが見たまぼろし（使徒言行録一〇章九節以下）が言及されていること、そして最後に、三位一体の理解に関する立場が示されるが、ここではキリスト教の三位一体が、神（父）、マリア、イエス（コーラン四章一七一節参照）の三位格となっている。この章句もムハンマドのメディナ期の告知である。

キリスト教徒とその信仰の表明に対するムハンマドの明確な対決は比較的後期に始まるが、それにはさまざまな理由がある。

ユダヤ人たちが、メディナでムハンマドならびに彼の追随者たちと一緒に生活し、またそこにおいて政治的・経済的力の要素として、まさしくそのために彼にとって明らかに危険と思われたのとは異なり、キリスト教徒は、ムハンマドとその共同体にとって、直接的に危害を及ぼすものと見なさねばならないような、存在を脅かす意味をもってはいなかった。その危険を防止するために、彼はキリスト教徒との関係を契約によって規則化したのである。北イェメンのナジュラーン（Najran）のキリスト教徒との契約は最も有名であり、また両者の側にとって極めて好都合なものであった。北部、まさにメディナにおいてどのような政治的勢力が伸長しているのかを見聞するために、メディナのムハンマドのもとにナジュラーンからキリスト教徒の代表団がやってきた。イスラームに服従せよとのムハンマドの要求に、彼らは応じなかった。長い交渉とキリスト論に関する論争の末、妥協点が見出され、ムハンマドは彼らに庇護の保証を確約したのである[4]（六三二年）。

こうした契約による規則化とは無関係に、すでに初期からキリスト教徒に対するムハンマドの神学的立場は固まっていた。核心はイエスの位格に関する問題であった[5]。ムハンマドは、キリスト論の問題におけるキリスト教内部の対立と論争に通じており、実際、すでにメッカ期に、イエスに関するキリスト教徒の誤った解釈の証拠として、キリスト教内部の不一致を引き合いに出しているのである。

当初、キリスト教徒にとって、ムハンマドは非常に近い存在に感じられたように見受けられる。すなわち、多神教徒であるメッカの住民による圧迫が増大するなかで、初期イスラームの共同体は苦難を耐え忍ばねばならず、そのため彼の最初の信奉者たちの一部が——そう語られているのだが——キリスト教帝国アビシニア（エチオピア）に避難したからである。六一五年のことであった。この国のネグス（皇帝）に宛てたメッセージとして、ムハンマドは彼の民にコーラン一九章の最初の部分（一六—三四節参照）をもたせたのである。それは、キリスト教徒であるアビシニア人が告白していたキリスト教の信仰を、ムスリムも抱いているということを立証するためであった。

こうした神学的にはキリスト教に属し、親近性があるという説明は、上述のように、ムハンマドの啓示に関する神学的構想に根差している。けれども、このような類の神学的な結びつきは、ムハンマドがキリスト教について抱き、考えていたことのほんの一部分を反映しているにすぎない。時が経つうちに彼自身の告知の輪郭がはっきりするにつれて、また預言者としての派遣の承認およびその共同体の存立を確保するための闘争の状況に応じて、彼はそのつどキリスト教徒に対して異なる態度を取ったからである。[6] 彼らに対するムハンマドの姿勢は、友好（コーラン五章八二節参照）と敵対（同九章二九—三五節）という両極端のあいだで揺れ動いていた。ムハンマドがその人生の最後で、アラビア半島における覇権を勝ち取ったとき、キリスト教徒を「信仰者の共同体」から締め出すことによって（同五章五一節）、最終的に彼らの排除を実行したことは、彼が北方への拡大を目指したことに関係していた。シリアにおけるビザンツ帝国の前哨に軍隊を送り込むという彼の軍事的決断は、キリスト教圏とイスラーム圏との不幸な対立を導き入れることになった。それは広範囲にわたる意味をもつ決定であり、その神学的な承認はコーラン九章二九―三五節で与えられている。そこにおいて、ムハンマドは、ユダヤ人に対してもキリスト教徒に対しても、彼の最終的な態度を書き記したのである。すなわち、「神と最後の日を信ずることなく、神と神の使徒が禁じることを禁断とせず、また啓典を与えられながら真の宗教に服従しない者に対しては、彼らがへりくだって、その所有するものから税を納めるようになるまで戦え……」。こう述べてムハンマドは独特の軍事政策的な決断を、神学的に断固として認可したのである。これによって、ユダヤ人とキリスト教徒はイスラームの庇護民の地位に置かれた。確かに、彼らはイスラーム共同体から寛容に取り扱われたが、しかし、完全に統合されることはなく、事実、時として何らかの屈辱を受けて自分たちの従属的地位を悟らされるはめになったのである。というのも、全世界が承知しておかなければならないことは、神こそが「たとえ多神教徒にとっては不快でも、導きと真理の宗教をもってその使徒を遣わして、すべての宗教にまさる位をそれに与えようとした方」（同九章三三節。六一章九節、四八章二八節も参照）だからである。ムハンマドの在世中に、まずユダヤ人、ついでキリスト教徒とも結ばれた従属の契約は、アラブ大征服の時代に、非ムスリムと結ばれた契約の雛形となった。

四　非ムスリム少数者の法的地位　イスラーム国家におけるキリスト教徒の地位

古典的なイスラーム法の体系は――これだけを取り上げることにする――統一的な社会、つまりムスリム社会を出発点とし、この社会が少数者との関係を契約の基盤に立って規定するものである。イスラーム社会で生活する少数者の法的地位は契約に基づき、そこには、その時々の少数者のムスリム多数者に対する従属が法として明文化され、それによって合法化がなされている。これは、すでに見たとおり、ムハンマド自身にさかのぼる慣習である。したがって、ムスリムだけがイスラーム国家の完全な市民とされ、他方、他の者たち、特にユダヤ人とキリスト教徒は、いわゆる庇護民（ズィンミー dhimmī）として許容されているに過ぎないのである。

「庇護協定は主に庇護民の義務を含み、彼らは、イスラーム法と法律に従って国土を治めるイスラームの官憲に臣従し、イスラーム国家に忠実であり、協定上の貢物と税、土地税と人頭税を支払わねばならない。これに対してイスラーム国家は、庇護民の生命と彼らに与えられた諸権利を保護する義務を負うのである(7)」。

（a） 庇護民の諸義務

古典的なイスラーム法によると、庇護民の義務には契約によって定められたいわゆる人頭税（dhizya）があり、これは成人男子であれば誰でもイスラーム国家に支払わねばならないものである。これに土地税と軍隊維持などのために追加税が加わる。また非ムスリムは、はっきりとした目印ないしはその衣服によってムスリムから明確に区別できるようにすることが義務づけられることもあった。

（b） 庇護民の諸権利

庇護民の諸権利としては以下のものが挙げられる。

（1） 宗教と礼拝の相対的な自由、すなわち、次のような条件付きで自分たちの宗教を営むことである。(a) ムスリムの宗教的感情および彼らの優越感を逆なですることなく、(b) 礼拝のための建物（シナゴグ／教会）の内部でのみ礼拝行為を行なうこと。

（2） その時々の宗教共同体の内部の運営・裁判の相対的な自治権、この場合、上位の規範としてイスラーム法の普遍的権限は不可侵のままである。「というのも、このイスラーム法だけが国家の法律の基礎としてイスラームの全領域に妥当し、他方、その時々の宗教共同体の法規は、それ固有の成員に限られるからである[8]」。

（3）　庇護民の所有物の不可侵性は、生業がイスラームの法規と矛盾する場合は、生業が制限されるという条件がつけられる。

（c）　庇護民の排除

最も後代まで影響を及ぼしたことは、庇護民の法的地位が政治的領域において制限されたことである。国家における権力の行使は、イスラーム法によれば独占的にムスリムに所属し、ユダヤ人とキリスト教徒は除外されていた。したがって、ムスリム法学者の言うように、国家の高官への通路は彼らには閉ざされていなければならない。

まとめると、次のように記すことができよう。

（1）　古典的なイスラーム法体系は、二つの階級システムをもった社会から出発する。すなわち、完全な市民はムスリムだけであり、非ムスリムは許容されているにすぎない。

（2）　ムスリムと非ムスリムは、イスラーム国家においては同権ではなく、彼らは平等な基本的権利と基本的義務を享受しているわけではない。すなわち、非ムスリムは原則的に第二の階級の市民である。

（3）　契約によって彼らに帰属する権利は、イスラーム国家によって〈与えられた〉権利であって、これらは政治的な関係によっては無効にされる可能性もある。

（4）　非ムスリムのイスラーム国家への相対的な統合ないし――否定的に定式化すると――彼らの部分的な排除は、イスラーム法において許可されているだけでなく、実際にくりかえし確認され証明できることである。

（5）　こうした実行は、いわゆる庇護民の生活の歴史をその時々に支配する政治的な諸関係に依存させてきたし、また現在もそうであり、さらにイスラーム多数派の圧力のもとでは、それを再三にわたり苦難の歴史に塗り換えることにもなりうるのである。

II　北アフリカからスペインへ——前進するイスラーム(1)

「パウロ以後のキリスト教が、前進的発展のための最も強い刺激をチュニジアの海岸から受けたことは、歴史の最も逆説的な事実のひとつである」とかつてアドルフ・フォン・ハルナックは述べた(2)。そして彼は、この地域の「三人の偉大な息子たち」を引き合いに出している。すなわち、テルトゥリアヌス、キュプリアヌス、アウグスティヌスである。実際、彼らは、その時代の教会の内部の発展と形成に決定的な影響力をもっていただけでなく、影響史からしても——ここでは特にアウグスティヌスがそうであるが——キリスト教神学と教会全体に及ぶ広範囲な重要性をもつに至ったのである。それだけに、彼らの出身地である北西アフリカにおいて、このキリスト教が、七世紀末葉のイスラームの侵入以後、衰退してしまったように見えるという事実は、なおさら深刻なことに思われる。残されたものと言えば、教会の廃虚だけである。それらは、この地域における「教会の二度の死を証言している(3)」。その一つは、ごく最近の過去に属するもので、ヨーロッパの植民地支配時代の残滓であり、他の一つは、イスラーム以前の時代の遺跡だが、これは北アフリカの姿を、内部で激しく争っていたとはいえ、活力に満ちたキリスト教共同体として決定づけていたものである。

一 不和のキリスト教界

北アフリカのキリスト教の発端についてはほとんど何も分かっていない。[4] 最古の共同体であるカルタゴの教会は、われわれが歴史的に把握できる以前に、すでにしかるべき重要な位置を占めていたのである。かなり早い時期からローマとの緊密な関係が成立していたとはいえ、おそらく、布教の起源は東方であろう。「さまざまな影響、つまり、最初はおそらくシリア／小アジアの影響が強く、後にはローマの影響が増すことによって、キリスト教のなかでも当初から独自な型を生み出していたのである」。[5]

北アフリカにおける初期キリスト教の重要な証人であると同時にそれに最も大きな影響力を与えた人物は、クィントゥス・セプティムス・フローレンス・テルトゥリアヌスであり、彼は紀元一六〇年頃カルタゴで、異教徒であったローマ軍の百卒長の息子として生まれた。彼のうちに、われわれは、コンスタンティヌス帝以前の北アフリカにおける、キリスト教の最初のそして個性的な著作家を見出す。

テルトゥリアヌスの著作は、当時の教会の中で論争になった諸問題のうちのほとんどどれ一つをも省いていない。それゆえ、彼はわれわれにその時代におけるキリスト教徒の状況を適切に示してくれるのだが、それは一方で教会内の緊張と対立、他方で国家による迫害とキリスト教の護教によって刻印された状況である。こうした緊張と対立は数世紀に及んで継続することになり、当時のキリスト教界を内側から弱体化させたのである。

四二九年にゲルマンのヴァンダル族によって行なわれた北アフリカ征服は、ローマ的な文化にとって、また、そうでなくともかなり不和な状態にあったキリスト教界にとっては過酷な反動を意味した。アレイオス派のヴァンダル王は、その力を強めたり弱めたりしながら北アフリカのキリスト教徒迫害をあおったので、その共同体はもはや滅亡に身をゆだねたと思われるほどであった。ヴァンダル族によるこの弾圧と迫害の期間は百年以上に及んだ。

確かに、五三四年、ユスティニアヌス一世のもとでの帝国支配の回復は、北アフリカのキリスト教界に束の間の休息をもたらしたが、しかし、それも結局は、六四三年以降この地域に侵攻したムスリムのアラブ人に屈服した。教会内部の競合する思想とキリスト教内部での紛争が確固とした教会の建て直しを妨げたのである。ユスティニアヌスが五三五年の皇帝勅令で講じた措置は極端に厳格なものであった。すなわち、公同教会の信仰告白の独自の地位を強化するために、彼はアレイオス派、ドナティスト、ユダヤ教、そして異教のそれぞれの神殿、礼拝施設の閉鎖を命じたのである。ユスティニアヌスは、平和の樹立に尽力するどころか、新たに教会内部の緊張を扇動したわけである。宣教活動の成果は限られたものでしかなかった。結局、それは長続きすることなく、イスラームの侵略に持ちこたえることはできなかったのである。

二　北アフリカにおけるイスラームの侵略とキリスト教の没落

アラブの預言者ムハンマドの死後まもなく、この新たな宗教がいかに途方もない政治的な衝撃力を発展させたかが明らかとなった。[6] ムスリム・アラブ人は強力な拡大によって東西に進出した。ムハンマドが死んだ年の六三二年にはすでに、イスラームの領土拡張はアラビア半島全土に及んでいた。七年後の六三九年には、アムル・イブン・アースがエジプトの国境を越え、以後ムスリムはそこから出発してビザンツの属州アフリカに進出することができたのである。現在のチュニジアにある都市カイラワーンを北アフリカにおける宗教的・軍事的中心として建設したこと（六七〇年）によって、ムスリムはカルタゴおよび残余の北アフリカ地域を征服するために有利な起点を築いた。さらに、七〇九年には、セウタを除き、北アフリカはすべてムスリムの手に落ち、以後この地域は、イスラームの支配領域に不可欠の部分となったのである。キリスト教徒の一部、とりわけローマ系キリスト教徒はイタリアに逃れたが、他方で土着のベルベル人の大多数はイスラームに従属した。残ったキリスト教徒は、征服者の提示する諸条件に従わねばならなかった。すなわち税の支払い（djizya コーラン九章二九節）と引き換えに、彼らには礼拝の自由が与えられたが、しかし布教活動は禁じられた。カリフ・ウマル二世（在位七一七―二〇年）の治世下に、キリスト教徒として留まったベルベル人に加えられた激しい弾圧は、不可避的に彼らのイスラーム化をもたらした。たとえ、一二世紀まではまだ少なくとも小規模のキリスト教徒の集団を示すものが存在し、(7) 考古学の発掘によって発見されたキリスト教徒の碑文やキリスト教の礼拝施設の遺跡が、イスラーム侵入後も北西アフリカの地域のさまざまな場所にキリスト教徒が存在したことを証明するとはいえ、(8) この地のキリスト教が――たとえばエジプトとは異なり――少なくとも組織化された規模でムスリム支配に抗することもできず、かなり急速に消滅したという事実は否定できない。

マグリブにおけるキリスト教の消滅によってキリスト教圏はかなり狭められた。このイスラームに対して東方と西方のキリスト教界は、さしあたり全く無力で、当惑を隠せなかった。(9) 彼らはキリスト教徒として完全無欠の真理を所有していると自負していた。最後の使徒の死後、啓示が終結したため、もはや新しいものは何も待望することができなかったのである。それゆえ、当初、イスラームはとうてい真面目には受け取られず、また北アフリカにおけるキリスト教の没落によって一つの地域がまるごと失われてしまったという事実についてもそうであった。東方ならびに西方のキリスト教界は悲劇の規模をほとんど自覚していなかったのである。人がイスラームを観察する場合でも、イスラームの固有の性格を知るためではなく、それを貶めるためであった。

なかんずく近隣のスペインでは、キリスト教徒とムスリムが数世紀にわたり反目し、同時にムスリム支配のもとで共存を余儀なくされたが、そこでは、時の経過とともにイスラーム文化との精神的交流が生じた。モサラベ（Mozárabe）、つまり七一一年にムスリムに征服され占領されたスペインの地域で生活するキリスト教徒の少数者たちは、いわゆるズィンミー（dhimmî）の地位を享受していた。彼らは「啓典の所有者」として特定の諸条件のもとで、とりわけ税を支払った場合には、自分たちの信仰を営むことが許されていた。彼らにはその生命と財産、信仰の実践の保護が保証されていた。七五六－一〇三一年の後ウマイヤ朝支配者の時代には、例外を除くと、平和的な共同生活がキリスト教とムスリムの関係を特徴づけていたのである。

同様に、残留したキリスト教徒がイスラームの庇護民（dhimmî）とみなされたマグリブにおいても、時がたつうちに、ムスリムとヨーロッパのキリスト教徒との通商関係によって、ある種の緊張緩和が硬直した前線に生じた。ここでも契約の締結によりキリスト教徒の礼拝の自由、それとともに制限つきの布教、すなわち、キリスト教徒の商人およびキリスト教徒の奴隷や捕虜で解放された者への司牧的な世話ができるように保証された。しかし、ムスリムのもとでの布教活動は依然として禁じられていた。改宗が公になると、彼らが逃亡しない限りは、しばしばキリスト教徒の迫害や宣教師と改宗者の死という結果をもたらした。周知のとおり、イスラームにおいて背教は死をもって罰せられるのである。

III　イスラーム侵入に対する西欧の最初の反応

七世紀後半におけるイスラームの思いもよらない急速な領土的拡大によって、政治的権力関係、およびそれと結びついて地中海地域における宗教と政治の地図は、著しく変化することになった。北アフリカ征服後、七一一年にスペインはムスリムの手に落ち、その結果、西ゴート王国は滅亡した。七三二年にようやくカール・マルテル（六八八頃–七四一年）が、トゥール・ポアチエの勝利によって、この地域におけるムスリムの拡大を終結させたのである。けれども、ヨーロッパの他の部分では征服はさらに進んだ。すなわち、東方ではビザンツ帝国が脅かされ、西方では九世紀にシチリアがアラブ人のものになった。九八三年、彼らは、南イタリアから出撃して神聖ローマ・ドイツ皇帝オットー二世（在位九七三–八三年）を撃退した。

けれども状況は変化した。ムスリムはフランク王国からも駆逐され、またノルマン人によってイタリアとシチリアからも駆逐された。ただし、スペインではしっかりと地歩を固めていたため、再征服、すなわちレコンキスタ（Reconquista）が中世の終わりまで続いたのである。(1)

当初、このイスラームに対してキリスト教世界はなすすべを知らなかった。これほどの急速な拡大を人はどのように解釈すべきだったろうか。このため最初期の反応は、情報がなかったこともあり、困惑を隠し切れなかった。

一　無知と論争

キリスト教的な観点からのイスラームに関する判断には、異なった立場をもったさまざまな段階が認められる。(2) 平和的な共存か敵意に満ちた対立かは、イスラームに対してキリスト教の著作家たちがとった態度に後々まで影響を及ぼした。両宗教の出会いの最初の時期には知識の欠如が支配的であった。ムハンマドの死後ほぼ一世紀たって、東方でダマスコのヨアンネス（六五〇頃－七五四年以前）がイスラームと対決した。この新しい宗教に関する彼の知識は、彼がその支配下で生活し働いていたムスリムとの個人的な接触に負うものであった。彼の神学的著作『知識の泉』(Fons Scientiae) の第二部『異端について』(De Haeresibus) において、彼はイスラームを異端の一つに数えている。というのも、ムハンマドはとりわけアレイオス派の一修道士から教えを受けたというのである。ヨアンネスにとってこのことは、確かにコーランの中で、キリストは神の「御言葉」および「霊」と呼ばれてはいるが、その神性は否定されている、という事実を説明するものである。それのため彼は、キリスト論に関するムハンマドの教説を、アレイオス派の刻印をもったキリスト教の異端と見なしたのである。

ムハンマドがあるキリスト教修道士から感化を受けたという説は、ビザンツ起源であれラテン起源であれ、対イスラーム論争の長い伝統においてくりかえし取り上げられた。ムハンマドを教えたというキリスト教教師の伝説の起源は、初期のムスリムによるバヒーラ（Bahîra）物語にあると思われる。(3) そのきっかけを提供したのは、ムハンマドがアラビア語を使わないある人物から教えを受けたと言われたことに対して、コーランが「むろん、彼ら（不信仰者）が『彼（ムハンマド）を教えるのはただの人間だ』と言っているのをわれわれは知っている。だが、彼らがそれと示唆している男の言葉は外国語であるが、こちらはまぎれもないアラビア語である」（コーラン一六章一〇三節）と非難する箇所である。

後代のビザンツとラテンの伝統では、ダマスコのヨアンネスが話題にしたこのアレイオス派の修道士が、セルギウス、ネストリオス、ゲオルギオス、ニコラウス、ヨアンネス等々の名前をもっている。彼はアレイオス派としても、ネストリオス派ないし単性論者としても登場し、さらには背教者、それどころかコーランの起草者としても登場した。そうするうちに、彼は頻繁にネストリオス派と見なされるようになり、またムハンマドの不可思議な情報提供者としても描かれるようになったのである。

九世紀の初頭に、証聖者テオファネスは、彼の友人ゲオルギオス・シュンケロスの年代記の記述の続編において、ムハンマドの経歴および彼がユダヤ人とキリスト教徒のもとに滞在したことについて詳しく報告した。(4) 中世において非常によく知られたこの年代記は、図書係アナスタシウス(八七九年歿)がラテン語に訳し、『三幅対の年代記』(Chronographia tripartia)(5) として西方世界にとってても重要な書物となっていた。ここでも同様に、ある異端修道士が話題になっている。(6)

十字軍の開始(一〇九六年)(7) およびその経過とともに、イスラームとその創始者に関するラテン世界の人々の情報量も増加する。続く数世紀、われわれは、ムハンマドがある異端の修道士からキリスト教の影響を受けたというこの伝説のさまざまな変奏曲に出会う。例えば、ある修道士が、エルサレム総大主教の地位をねらって失敗した後、リビアに魔法使いとして現われ、ムハンマドは彼の犠牲者として登場する。ここで話題にされている西欧の隠修士は、自らの異端が理由で総大主教になることができず、その後ムハンマドに感化を及ぼしたというのである。

ラテン西欧では、クリュニー修道院長で西欧のイスラーム研究の発案者であるペトルス・ウェネラビリス(一〇九四―一一五六年)が、クレルヴォーのベルナルドゥス(一〇九〇頃―一一五三年)宛の書簡で、(8) 初めてムハンマドの情報源としてセルギウスというネストリオス派の修道士の名を挙げた。セルギウスはキリストの神性を否定し、またムハンマドをこの信念の支持者にしたというのである。

続く時代にはさまざまな伝承が混在する。セルギウスは異端の修道士、背教者、ムハンマドの誘惑者として登場する。東方教会で挫折した修道士という伝承はさまざまに解釈され、西欧に移入された。

そこで話題になったのは、ローマで高位をねらって失敗した一人の聖職者である。いわゆる『ニコラウスの書』(Liber Nicolai) において、ニコラウスなる人物が枢機卿として登場する。彼は放埒な生活を営んだニコライ派として語られる。エイレナイオス（一三〇／四〇–二〇〇年頃）に依拠する教父の伝統は、「使徒言行録」で名前が挙げられているアンティオキアのニコラオス（使徒言行録六章五節参照）をこの派の創始者と見なしているが、この記述において、ムハンマドは使徒たちによって選ばれた七人の執事の一人であるこのニコラオスと関係づけられ、その教説はグノーシス的–放埒主義的な運動であるニコライ派と関係づけられているのである。この想像については、つとにペトルス・ウェネラビリスが退けていた。それにもかかわらず、この伝説は以後も伝承されている。ドミニコ会士アッキのヤコブス（一四世紀初頭）は、ペルシアに旅行して悪魔のしもべムハンマドと結託し堕落したという聖職者ニコラウスについて語っている。セルギウスという修道士が彼らに合流し、三人が一緒になって新たなセクトをでっちあげ、その中でムハンマドは神に祭り上げられたというのである。

ムハンマドとイスラームの成立に関する民衆の幻想は、まったくとどまるところを知らなかった。こうした伝説の伝統はどれも、この新しい宗教を独創的でも自生的でもないものとして描き、むしろ、異端的キリスト教の教えのおうむ返しであり、それゆえ偽造である、という烙印を押そうとする宣教的な目的を追求しているのである。このようにして、神的な起源をもった啓典であるというコーランの主張は、論破され、破棄されることになったのである。

これに加えて、中世においてくりかえし浮上した問いは、どうしてイスラームがこれほど急激に拡大することができたのかということである。ムスリムが地中海地域に侵入しスペインにまで至ったことによって、キリスト教圏はひどく狭められた。かつてそれはローマ帝国全体を包含し、それどころか、その境界をさらに越えて伸長したが、イスラームの進出により近東全部、アラビア、ペルシア、ヨーロッパの諸部分すらも失われてしまったのである。どうしてこのようなことが可能だったのだろうか。その原因として初期イスラームの軍事的な拡大計画が挙げられたが、さらに魔術にも原因があるとされた。すでにムハンマドという人物には、彼の魔法の術、誘惑と欺瞞の手管について探り知ろうとしたさまざまな伝説がまとわりついていた。魔法はマギの術と見なされ、そこからペルシアと結びつけられた。後々までムハンマドに影響を及ぼすことになった、あの謎めいた教師の起源もこういう所にあったに違いない。

二　軍事的諸行動　十字軍とレコンキスタ

数世紀以上もの間、キリスト教徒と非キリスト教徒であるユダヤ人およびムスリムとの関係を支配したあの理念、つまり、キリスト教信仰の敵――かつて人はそう呼んだ――に対する、半ば防御の、半ば攻撃的な戦いという理念の背後には、多様な動機が隠れている。

キリスト教の側からすると、人はとかく安易に、いわゆる聖戦（アラビア語の djihâd）の理念を一方的にイスラームの伝統に帰する傾向がある。しかし、コーランにおいて「お前たちの財産と自分自身を神の道のために投げうて」（九章四一節）とあるのは、その語義からすると、たとえ仲間内からのものであろうとも、あらゆる抵抗に対して信仰のためには身体と生命を賭して尽力する、義務としての「奮闘努力」ということ以外の何ごとも述べてはいない。これがジハードという語の意味である。この義務は、全体としてのムスリム共同体に妥当する。つまり、全イスラーム共同体（al-umma al-islamiyya）は、このコーランの命令にふさわしく神の法が勝利できるように努めなければならないのである。

ムハンマドの時代の諸状況のもとでは、これは武装した戦いを意味し、一般には聖戦と呼ばれた。すでにコーランの所見もこれと一致するし、法学書における後代の解釈も同様である。ムスリムの理解によるとこの世界は二つの陣営に分割される、と中世の古典的理論は言う。(1) イスラームの領域（dar al-'islam）と (2) 戦争の領域（dar al-harb）、言い換えると、ムスリムの陣営と非ムスリムの陣営である。イスラームの領域を防衛するとともに、イスラーム的秩序の導入を目的としてその領域を拡大するために、ジハードは効果的な手段として必要とされたのである。

神の大事のための戦いで――その模範となるのは不信仰者に対するメディナでのムハンマドの行動

である――その命を落とす者は、確実に楽園に入ることが許されたのである（コーラン八章六六節、九章一一二節、四章九七節以下、三章一六三節、二章一四八節参照）。

西欧のキリスト教史の側も、古代の哲学的見解と結びつけて、「正義の戦争」(bellum iustum) の古典的な説を展開したが、ただしこれが、戦争と兵役に対しては大きく距離を置いた古代のキリスト教に対立することは明白であった。

指標となったのはアウグスティヌス（三五四－四三〇年）である。彼の異端者に対抗する論証の出発点は、「ルカによる福音書」一四章二三節の「通りや小道に出て行き、無理にでも彼らをここに連れて来て、この家をいっぱいにしてくれ」という言葉である。この「無理にでも彼らをここに連れて来ること」(compelle intrare) は、彼にとって異端者に対する正義の戦争を正当化するものであった。この「無理にでも」は、もしかするとすでにルカにおいて「乱暴な宣教活動」を示唆している可能性もあるが、教会史の経過においては筆舌に尽くし難い暴力行為をもたらすに至ったのである。[9] アウグスティヌス等に依拠してトマス・アクィナス（一二二五－七四年）は、彼の考えによれば戦争を正当化することのできる、以下のような倫理的基準を挙げる。一 その命令によって戦争が遂行される、しかるべき官憲の正当な権威 二 戦争を正当化する理由、例えば、自己防衛あるいはこうむった不正に対する報復 三 手段の釣り合い 四 平和に貢献するという目的をもった正しい意図。[10]

それゆえ、この「正義の戦争」論の本来の意図は、「倫理的な基準論によって戦争を制限することであった。したがって、基本的な問いは、私が戦争遂行に対しどのように良心的でありうるか、ということではなく、いかなる制限的な基準を後ろ盾にして、必要とあらば神からも戦争が命じられるのか、ということであった[11]」。

しかし、十三世紀にトマスがその倫理的な基準論を展開するよりはるか以前に、戦争の実行そのものはキリスト教世界にとめどなく広がっていた。ユダヤ人に対しては寛容の姿勢を示した教皇グレゴリウス一世（在位五九〇－六〇四年）ですら[12]、信仰の拡大のための戦争は宣伝したのである。キリスト教信仰への危害あるいは誹謗、例えば、実際のキリストへの侮辱、ないしキリストへの侮辱と見なされたことに対する報復として、戦争は、キリスト教が影響を及ぼす領域を保護しまた拡張するための有効な手段と見なされた。カール大帝（在位七六八－八一四年）の時代、中央ヨーロッパのゲルマン人とスラヴ人に対する彼の軍事行動ならびにピレネー山脈両側のムスリム・ムーア人に対する彼の軍事行動は、そのように考えられたのである。九、十世紀、キリスト教的ヨーロッパがくりかえし異教の諸民族の侵入にさらされていることに気づいたとき、「正義の戦争（bellum iustum）の理念は特に異教徒との戦争という概念と全面的に[13]」一体化したのである。この意味で、教皇レオ四世（在位八四七－五五年）もヨアンネス八世（在位八七二－八二年）も、アラブ人、つまりムスリム、そしてノルマン人、つまり異教徒に対する戦争で命を失った者たち全員が永遠の命に与ることを確約したのである。確かに、異教徒との戦争それ自体は、世俗の官憲の義務であり、「教会内の平和と教会の外部への拡大を保護することがその特別な使命と見なされていた」[14]が、しかし、この戦争は、侵入者の略奪から教会と修道院を守るために、教会の側からも明確に支持され、許可されたことであった。ところが、それは防衛だけにとどまらず、時の経過とともに攻撃へと移っていったのである。

九、一〇世紀におけるフェーデ制度の強化と教会財産の掠奪の増加によって――カロリング帝国が崩壊した結果の一つだが――個人と教会の財産を保護するために「神の平和運動」が起こった。とりわけクリュニー改革の支持者たちによって促進されたこの運動は、至る所で粗暴な振舞いをするようになった騎士階級に照準をあて、それを公的な秩序に包み込むための努力がなされた。教会の指導の下で、休息と安全の回復をもたらすために戦闘準備を整えた平和軍が組織された。こうして、教会は、神の平和を獲得するための努力から不可避的にさまざまな軍事的企てに向かうようになり、それらが聖戦とみなされ、「教会によって是認され、また教会のために遂行されたのである」[15]。

一〇五〇年からスペインにおいて軍事力を補強して再開された戦争（レコンキスタ）もまた聖戦とみなされた[16]。改革派の教皇はこの種の発案を内外に向かって支持した。アレクサンデル二世（在位一〇六一－七三年）は[17]、教会内の改革をめぐって、権力の利害に左右されながら生じた諸対立の中で、一〇六四年のバルバストロスの征服、一〇六六年のイングランドに対するノルマンの進軍あるいは一〇六四年にはミラノのパタリアを支持したのである[18]。

グレゴリウス七世（在位一〇七三－八五年）は、叙任権闘争の中で、「キリストの軍務」（militia

Christi）という古い概念を引っ張り出し、それを「聖ペトロの軍務」（militia Sancti Petri）という意味に替えて用いた。本来、「キリストの軍務」という言葉は平和的手段によって闘う聖職者という意味で理解されていたとしても、今やそれは騎士の中から徴募された教会の戦士のことであった。「階級としての騎士は、教会的な世界像のなかに組み込まれた固有の職業エートスを授けられ、その目に見える形での典礼的表現が騎士叙任式であった[19]」。教会は決定的に戦争へと方向転換した。グレゴリウス七世は、キリスト教国ビザンツを異教徒から防衛するために、東方における軍事的行動という考えを抱いていた——それは彼によって個人的に提唱されたものである。一〇七一年、ビザンツの軍事力はトルコ系セルジューク人によってアルメニアのマンツィケルトで撃破され、アナトリアはトゥルクマーンの攻撃にさらされた。一〇七六年、セルジューク人はエルサレムも征服し、その九年後にはギリシア人のアンティオキア〔現アンタキヤ〕を征服、南イタリアではバリがノルマン人の手に落ちた。これに一〇五四年の教会内のシスマ（分裂）が加わった。東方教会と西方教会の再合同のために努力する中で、統一の思想がグレゴリウスの東方計画に手を貸したということなのだろう。この思想が実行に移されることはあり得なかったとしても、「ここで初めて、教皇の指導の下に東地中海地域への出兵という着想が浮上した[20]」という点では意味をもっている。まとめると次のように言うことができる。「聖戦」の理念と、これと結合して形成された、教会に仕える戦士階級としてのキリスト教騎士が、十字軍思想を決定的に準備し、最終的にそれを実現させたのである。

(a) エルサレムへの十字軍

イスラームによるエルサレム征服後、その地から戻ったエルサレム巡礼者たちが——エルサレム巡礼の伝統は四世紀まで溯る——新たな権力者による嫌がらせと妨害に関する報告をもたらした。これらの情報が効果を現わさないはずはなかった。さらに、ビザンツ皇帝アレクシオス一世コムネノス(在位一〇八一–一一一八年)も教皇ウルバヌス二世(在位一〇八八–九九年)に救援を求めたことから、一〇九五年一一月二七日にクレルモン公会議において、不信仰者、すなわちムスリムの手から聖墳墓を解放しよう、と教皇が呼びかけたことは、起爆剤のような効果をもたらしたのである。それは思いがけない賛同を得た。よく訓練され、軍装を整えた騎士が群れをなして、「神がそれを望んでおられる」(Deus lo vult)と口々に叫びながら、後に十字軍のシンボルとなる布の十字架を手に取ったのである。聖墳墓の解放が本来の目標であったが、しかし、ギリシアの救援ならびに統一の思想も一役かったかもしれない。それにしても、この〈武装した巡礼団〉という自己矛盾した理念は新しいものであった。上述のように、エルサレムへの巡礼団はすでに何世紀も前から存在していた。しかし、今や問題は、それが戦闘準備を整え、武装した「巡礼者」だということである。彼らとともに、新たな祝福の儀礼が生じた。すなわち、杖と袋のような古い巡礼のシンボルに加えて、〈剣〉もまた祝福された。教会による武器の祝福が始まったのである。

エルサレム十字軍にもスペインのレコンキスタにも、「聖戦」の理念そしてキリスト教信仰の敵とみなされたものに対する戦争という、騎士の宗教的イデオロギーが適用された。

クレルモンの呼びかけは予想をはるかに上回る効果をもたらした。大衆運動が発生したのである。実際、「マタイによる福音書」一〇章三八節は十字架を担えと求めてはいないだろうか。そして、キリストへの信従の理想は、キリスト教信仰の敵対者との戦闘において完全に具体的な行動に移され得るのではないだろうか――それが死に至るまでの最も誠実なキリストへの信従として理解されるとするならば、エルサレム十字軍においてもそうではないだろうか。だが、キリストと共に生きるために殉教者として死ぬことというこの敬虔の理想は、間もなく、ある種の制御不可能な十字軍ヒステリーによって踏みにじられることになった。アミアンの隠修士ペトルスが民衆十字軍を動員したのである。結果は周知の通りである。ラインラントではユダヤ人の大量虐殺を生み、またこの隊列そのものも悲劇的な結末を迎えたのである。[21]

クレルモンにおける華々しい呼びかけの九か月後、一〇九六年八月一五日から一〇九七年五月まで、さまざまな部隊が異なる経路でコンスタンティノープルに向かい、そこからさらに行軍を続けた。

一〇九八年六月にアンティオキアの占領に成功し、その地から、ゴルゴタでイエスのわき腹を刺したローマ兵の槍と称する聖遺物が発見された。ほぼ一年後の一〇九九年七月一四日にエルサレムが征服された。十字軍兵士による身の毛もよだつような大量虐殺は、そうでなくともムスリムに対して閉鎖的であった、信仰心に基づくさまざまな原動力をまったくほご同然にしたのである。この最初の十字軍（一〇九六―九九年）の軍事的目標は達成された。すなわち、近東におけるキリスト教的支配権の確立である。四つのフランク人十字軍国家が成立した。エルサレム王国、アンティオキア侯領、エデッサとトリポリの両伯領である。征服された地域の防衛のために、修道的心構えと同時に軍事的心構えを備えた騎士修道会が設立された。重要な騎士修道会はヨハネ騎士団、テンプル騎士団、ドイツ騎士団であった。

一一四四年の、現在のイラクにあるモースルのアタベクであったザンギーが、北シリアのアレッポから来た兵力と連合して、エデッサを再征服したことは、第二回十字軍（一一四七―四九年）を引き起こすきっかけになった。教皇エウゲニウス三世（在位一一四五―五三年）は一一四五年十二月一日にそのための勅書を公布したが、それはクレルヴォーのベルナルドゥスが行なった戦争を促す十字軍説教によって強力に支援されたのである。イスラームとの知的対決に全力を注いだ彼の友人ペトルス・ウェネラビリスとは異なり[22]、ベルナルドゥスはムスリムとの戦いにおいて戦争を優先する派を代表していた。第二次十字軍はダマスカスの包囲を目指したが、期待とは裏腹に、それに失敗するという屈辱的な結果に終わった。

第二回十字軍を撃退した後、ザンギーの息子で後継者ヌールッディーン・イブン・ザンギー（在位一一四九―七四年）がシリアの全ムスリムを統一することに成功した。彼はムスリム相互の道徳的統一を強固にし、ジハードの精神で十字軍と対戦するという新たな自覚を引き起こした。十二世紀の中頃に十字軍がエジプトに介入しようとしたとき、ヌールッディーンは、スンナ派によるファーティマ朝エジプトの奪回と十字軍――ムスリムの側では「フランク人」と呼ばれていた――との戦争を結びつけようと決意した。そして、彼のクルド人従者サラーフッディーン〔サラディン〕・イブン・アイユーブ、いわゆるサラーフッディーン・イブン・アイユーバァラディーン（在位一一六九―九三年）が、一一七一年ファーティマ朝カリフを滅亡させたのである。

シリア、エジプトそして北メソポタミアの支配者として、サラーフッディーン・イブン・アイユーブは十字軍兵士の強大な敵対者となった。一一八七年七月四日、ガリラヤのヒッティーンの戦いで彼は、騎士の軍勢に対して決定的勝利を収め、同年十月二日にはエルサレムを征服した。このことにより、教会によって舵取りされ西欧において非常な精神的高揚の中で着手された十字軍の企てのすべてが、事実上の終焉を迎えたのである。それ以後の十字軍は――歴史記述において通例では七回と数えられ、それゆえ、すべてのエルサレム進軍を含めているわけではないが――むしろ、大それた企てがすべて失敗に帰した後の後奏曲に格づけるべきである。

一一八七年のエルサレム陥落は、第三回十字軍（一一八九―九二年）を引き起こした。聖なる都の再征服というその目標は失敗に終わった。エルサレムはムスリムの手に残った。サラーフッディーンとの交渉で休戦が取り決められ、エルサレム巡礼は可能になった。

第四回十字軍（一二〇二―〇四年）は、教皇インノケンティウス三世（在位一一九八―一二一六年）によって始められたが、ヴェネツィアの商業的利害から、ムスリムではなくコンスタンティノープルとビザンツ帝国の他の地域に向けられた。コンスタンティノープルは一二〇四年に事実上、ヴェネツィアの植民地となった。そこにラテン帝国（一二〇四―六一年）が建設されたことは、当然、ギリシア正教会との対立を先鋭化させた。のみならず、コンスタンティノープルの征服により、ムスリムに対抗できたかもしれないビザンツの権力までもが抹殺されることになったのである。

十字軍の歴史における最も悲惨な一章は、一二一二年の少年十字軍である。それは聖地に辿り着くことなくマルセイユないしブリンディジでその結末を迎えた。同調させられた少年たちの大部分はその地で落命するか、もしくは奴隷として売り飛ばされたのである。

あらゆる反動と失敗にもかかわらず、エルサレムの再征服は引き続きインノケンティウス三世の政策目標であった。一二一五年に始まった第四ラテラノ公会議の十字軍教令は一二七四年の再度の攻撃を通知した。教皇はもはやその実現を見ることはなかった。これに対し、シュタウフェン家のフリードリヒ二世（在位一二一五―五〇年）は――彼はたびたび十字軍を延期したため教皇グレゴリウス九世によって破門されていたのだが――第五回十字軍（一二二八―二九年）において、エジプトのスルターンであるアル・マリク・アル・カーミル（在位一二一八―三八年）と交渉の末、イスラームの聖地を除くエルサレムをキリスト教徒に返還すること、ならびに休戦の保証をとりつけることに成功した。驚くべきことにフリードリヒ二世自身がエルサレム王として即位した。数年後フランスのシャパーニュ伯爵ティボー四世が休戦協定を破棄したことから、一二四四年、エルサレムは再度ムスリムによって征服され、ガザの騎士軍も撃破された。

新たな十字軍が、一二四五年の第一回リヨン公会議で目論まれた。ただ一人フランス王ルイ九世（在位一二二六－七〇年）だけが、再度形勢を変えるために第六回十字軍（一二四八－五四年）に出発した。けれども、彼はその軍隊とともにエジプトで敗退し、捕虜にされ、身の代金を払った末にようやく自由になることができたのである。

この後、東方におけるラテン人の支配は急速に終わりを迎えた。すなわち、一二六一年にはコンスタンティノープルのラテン帝国が陥落し――ギリシア正教会にとっては勝利の出来事であったが――スルターン・バイバルス（在位一二六〇－七七年）の下に内陸部の十字軍の砦およびアンティオキアも陥落した（一二六八年）。

この後、ルイ九世は、最後となる第七回十字軍（一二七〇年）でチュニスに軍を進めた。そこを拠点にエジプトと一戦交えるためである。彼の計画は潰えた。彼は、その軍隊の大半とともにペストによりチュニスで落命したのである。次いで一二八九年、トリポリが失われ、一二九一年、ついにエルサレム王国の首都アッコ〔アッカー〕も失われた。キリスト教の側で聖地に地歩を固めようとするすべての試みは、ほんの短期間しか持続しなかった。結局、すべて失敗に終わったのである。

エルサレム十字軍の本来の信仰心に基づく原動力は、好戦的欲求と冒険心の背後で、血に飢え渇く残忍さ、掠奪欲、権力の欲求の背後で、ただちに色褪せてしまった。キリスト教徒とムスリムの関係には極めて重い負担が課せられることになった。キリスト教徒に対抗する新たなイスラームの連帯がその結果だった。東方教会は以前よりも気難しくなった。合同のための努力は成果を見ることなく、それどころか、西方教会と東方教会の亀裂は、コンスタンティノープルのラテン帝国――たとえ短命ではあっても――の建設によって、さらに一層深められただけであった。

(b) スペインのレコンキスタ

「十字軍の理念が巻き起こした反響は、その他の出兵もただちに十字軍と宣言されるほどのものであった」[23]。すでに、ウルバヌス二世は、レコンキスタ、すなわち、スペインにおけるムスリム支配地域の再征服を十字軍として承認し、戦士たちには東方の十字軍兵士と同様の贖宥と特権を授けたのである[24]。

七三二年、カール・マルテルがムスリム軍の無敵の進軍を終わらせたとき、それは歴史的規模の転換の開始を告げることになったと言えよう。というのも、この時からイスラームは、徐々に西ヨーロッパから退却せざるをえなくなり、最終的には一四九二年に姿を消すことになったからである。しかし、この間には何世紀もの年月が横たわっている。どのようにしてこのような展開になりえたのであろうか。ウマイヤ朝の支配者の時代、ユダヤ人、キリスト教徒、ムスリムは、全体的に見ると、イベリア半島で平和的に共存していたのではないか。またこの時代は、イスラームの中世文化の全盛期にも数えられたのではないか。確かにそうだが、しかし、次の点を忘れてはならない。すなわち、イベリア半島のすべてがイスラームの支配下に入ったことはなかった、ということである。北西部では抵抗運動が中断されることはなく、さらに一〇世紀以来、キリスト教徒の王たちによって境界領域に、緩慢だが執拗な攻撃が加えられ、これがレコンキスタ——一〇八五年のトレド陥落に始まり、一四九二年のグラナダ陥落に終わる——につながり、その結果、ユダヤ人とムスリムの全住民にとっては筆舌に尽くし難い悲嘆、抑圧、さらに追放をもたらしたのである。

まず、キリスト教徒によって一〇八五年にトレドが占領されるが、それは長続きしなかった。というのも、彼らは、一〇八六年サラカの戦いで、モロッコから到来したムラービト王朝の軍勢に敗北したからである。このムラービト朝がカスティーリャに対して勝利したこととイスラーム・スペインをその支配下に統合したことは、確かにキリスト教側の再征服を阻んだが、しかし、それを完全に止めることはできなかった。一一一八年にはサラゴサが陥落した。ムラービト朝は一一四七年までは存続したものの、別のベルベル人王国であるムワッヒド朝によって倒され、それとともに、今度は、ムワッヒド朝がイスラーム・スペインの支配権を受け継いだのである。

スペインにおけるムラービト朝の支配の開始とともに、四世紀近く続いたムスリム、キリスト教徒、ユダヤ人の平和的共存と文化的共生は終わった。非ムスリムに対する不寛容が強まったのである。ムワッヒド朝の下でもこの容赦のない傾向は進み、非ムスリムのみならず、異なる思想を持つムスリムに対してもそれが及んだ。その結果は次の通りである。ユダヤ人哲学者マイモニデス（一一三五―一二〇四年）のような重要な思想家・知識人、あるいはアヴェロエス（一一二六―九八年）とイブン・アラビー（一一六五―一二四〇年）のようなムスリム知識人が――アヴェロエスは一時的であったが――故郷スペインを離れたのである。

キリスト教徒は東方において譲歩せざるを得なかったので、イベリア半島は確保しなければならなかった。すなわち、一二一二年、彼らはラス・ナバス・デ・トロサの決戦でムワッヒド朝を打ち破った。それによって、またイスラーム内部の対立という事情もあり、キリスト教側のレコンキスタはとどまることを知らず、とりわけ、レオンとカスティーリャの統合を目指して進撃した。レオンおよびカスティーリャの王フェルナンド三世（在位一二一七―五二年）はイスラーム・アンダルスの中央に進出し、一二三六年にはコルドバを、一二四八年にはセビーリャを獲得した。一四九二年までムスリムの手にあったコルドバに至ったとき、かくしてレコンキスタは終了したのである。

ムスリムの境遇は――今やキリスト教徒の支配下にあるが――始めのうち変化はなかったようである。彼らは以前と同様にその信仰を営むことができた。けれども、ムスリムとして移住が可能であった者は、よそに移った。残った者たちはムデーハル（残留者 Mudéjar）と呼ばれた。

スペインを独占的にキリスト教国家にしようとするカトリックの王たちの政治的目標が明確になるにつれて、以前からのユダヤ人、キリスト教徒、ムスリムのあいだの文化的な共生は粉砕され、以後二度と存在することはなかった。まずユダヤ人が追放され、ついでムスリムも追放されたことにより、もしくは大規模な審問の経過の中で彼らが強制的にキリスト教化されることにより、非キリスト教徒に対していかなる寛容の余地もなくなった。一四九二年三月三一日の布告によりユダヤ人には洗礼か追放かという選択だけがゆだねられ、一五〇二年にはグラナダのムスリムが同じ選択を迫られ、一五二六年にはスペイン全土のムスリムがこの選択を迫られたのである。キリスト教に改宗した者たちはモリスコ（Morisco）と呼ばれた。彼らに残された道は完全な同化だけであった。結局、一六〇九年と一六一四年のあいだに、数十万人のモリスコがスペインから暴力的に追放されたのである。

今日の視点からすると、レコンキスタは、多くのムスリムにとって「イスラーム世界に対するヨーロッパ諸国の拡張の象徴であり、近代の植民地主義のあらゆる形態と関連づけられるものであって、ムスリムの見解では、それらに対して防衛することこそ重要なのである」[25]。ムスリムたちはこうした帰結を、次のような事実から引き出したのである。すなわち、「この間、アンダルスの土地の大部分が富裕なムスリムによって買い占められ、その自治運動がさまざまなイスラーム諸国からの支援を得ることによって、ムスリムによるアンダルスの再獲得が開始していた[26]」ということである。

IV　ペトルス・ウェネラビリス——最初のラテン語訳コーランの発案者

付論　コーランの自己理解と主張

ムスリムの聖典コーランには、ムハンマドが神の啓示として告知した救いの使信が一一四の章に含まれている。信仰に篤いムスリムにとってコーランは、天使ガブリエル（＝ジブリール Djabrā'īl）をとおして一語一語ムハンマドに与えられた神の言葉以外の何ものでもない。このため、コーランは神の口述とみなされ、そのゆえに絶対的な権威をもっているのである。この神的起源に基づいて、コーランは無謬かつ唯一無比である。それは、内容的には上述した天上に保管されている原本（umm al-kitāb）に合致している。イスラームの理解に従うと、コーランはこの天上の原本のアラビア語版として、決定的かつ最終的に拘束力をもつ仕方で人間に向けてなされた神による完結した啓示なのである。

特にアラビア語が、神による完結した決定的かつ妥当性をもつ啓示のための言語として選ばれたということが、コーランの真正な見解である。つまり、神の言葉は、最終的にはアラビア語で明らかになるのである。(1) この点にその特別の地位、崇高さ、威厳が現われている。信仰に篤いムスリムにとって、アラビア語は宗教的、霊的、典礼的な言語であるだけでなく、まずもって〈神的な言語〉である。そのようなものとして、アラビア語は不可侵かつ模倣不可能なものである。このようにして、アラビア語で記されたコーランは、それが神に起源をもっていることのまぎれもない徴を帯びているのである。

この見解は、イスラーム教義の内部において、コーランの模倣不可能性と唯一無比性の教説（i'djāz al-Qur'ān）として展開し、信仰の教義になった。コーランの唯一人の著者である神だけがこのような作品を完成することができたのであり、その絶対的な無比性は、単にその文学的な美しさ、言葉、韻律と文体に存在するだけでなく、何よりも、それが神に起源をもつということに存在するのである。

ムスリムの聖典は、神によってアラビア語で起草された決定的かつ妥当性をもった啓示を含んでいるため、正統派イスラームにおいては、今世紀〔二〇世紀〕に至るまで、他の言語に翻訳することが禁じられていた。上述のコーランの模倣不可能性の教説が、主としてコーランの翻訳を禁止することになったのだろう。さらに別の理由としては、コーランの文学的独自性、詩句の文体と韻律にそれを求めることもできよう。むろん、イスラームの政治的‐領土的拡張とそれにともなうアラビア語圏の拡大も、この禁止に有利に働いたことは言うまでもない。ただ、他の言語による敷衍訳、註釈ないし行間の解説は許可されていた。

一　最初のラテン語訳コーランの成立史[2]

すでに一二世紀の中頃スペインで、イスラームのコーラン翻訳の禁止が破られた。西欧において敢えてこの突破口を開いたのは、クリュニー修道院長ペトルス・ウェネラビリス（一〇九四－一一五六年）である。コーランの最初の完訳は、彼の発案によるものである。

（a）ペトルス・ウェネラビリスの緊急対処計画

ペトルス・ウェネラビリスは、イスラームとの知的対決の先駆者として名を成した。一一四二年[3]、彼の管轄下に置かれたスペインの修道院を視察・訪問する旅行の途上で、イスラームとの知的対決という考えが彼の脳裏に浮かんだ、と彼は証言する。このアイディアにとらえられ、彼はそれを実行に移す可能性を探った。そして彼は、イスラームに関する彼の同時代人の無知と不明を知り、この不足を補わなければならないと思うようになったのである。彼の緊急対処計画は以下の諸点にまとめられる。

情報の欠落を取り除くこと

イスラームとの知的対決に不可欠な前提がその教説に関する知識であると確信したペトルス・ウェネラビリスは、トレドでアラビア語コーランと幾つかのハディースをラテン語に翻訳してもらい、そうすることでムスリムの信仰と教説に関する直接の源泉から情報が提供されることになったのである。

軍事的行動への批判

ペトルス・ウェネラビリスの発案によるプロジェクトは、十字軍運動への批判と拒否としてみなすこともできる。このクリュニー修道院長は、明らかに十字軍の企てと一線を画し、それとは異なる彼の意図を強調している。「だが、私は、われわれのうちのある者たちがしばしば行なうように、武力であなた方（ムスリム）を攻撃するのではなく、言葉を用い、暴力ではなく理性によって、憎悪ではなく愛によってそれを行なうのである(4)」と述べている通りである。

信仰の弁明を優先すること

ペトルス・ウェネラビリスにとって、自分の発案と肩入れの中心は、イスラームに対するキリスト教信仰の弁明であった。「私の意図は、かつての教父たちの流儀に従うことであった。彼らは、当時のどのような異端であっても、つまり、こう言ってよければ、どんな些細な異端であっても、それを黙って見過ごすことはせず、信仰の力を尽くしてそれに対抗し、また書物と論争によって、その異端が憎むに値しかつ断罪に値することを論証したのである」[5]と述べているとおりである。

(b) コーランのラテン語訳プロジェクト

すでに述べたように、ペトルス・ウェネラビリスは、トレドでアラビア語コーランをラテン語に翻訳させた。中部スペインに位置するトレドは、一一三六年頃、ティヴォリのプラトンによって始まる、アラビア語からラテン語への翻訳に従事する者たちの活動の中心の一つであった。ほぼ四百年間――七一二年から一〇八五年まで――トレドはムスリムの支配下にあった。したがって、当時もなお、住民のかなりの部分がアラビア語を話していたとしても不思議はないだろう。さらに、アラビア語を習得し、アラブ・ムスリムの学問に与るために、他の国々から学者たちがこの地を訪れていた。

ペトルス・ウェネラビリスは、コーランのラテン語訳プロジェクトを実現するために――彼が書き記すところでは――アラビア語に習熟した学者たちに相談し[6]、そして、彼らのグループの中から、トレドでアラビア起源の天文学および幾何学の書物の翻訳に従事していたイングランド人ケトンのロベルトゥス（チェスターのロバート）を、その野心的な計画の仲間に引き入れることができた。また、彼はムハンマドという名のムスリムをロベルトゥスの補佐としてつけ、そうすることで、コーランの信仰をできるだけ内容に忠実に再現する翻訳を保証したのである。

二　ケトンのロベルトゥスによるコーランの翻訳

コーランがかなりとっつきにくい書物であることは、今日のアラビア学者およびイスラーム学者によっても、躊躇なく認められている。一方で、現在のコーランの各章の配列からは、もはやその本来の年代的な順序を知ることはできないということがある。一一四の章はその長さに従って、全く機械的に配列されているように思われる。長大な章は――しばしば、種々多様な信仰的発言の寄せ集めに過ぎず、整理が容易ではない――コーランの最初に置かれ、短い章は終わりに置かれているのである。他方、歴史的な諸前提と諸関連を知らなければ、コーランの告知を全体として理解することもできず、また多くの細かな点や周辺世界に対して暗に示していることを理解することもできない。曖昧で意味不明の箇所、あるいは多義的な箇所も少なからずある。イスラームとコーランの研究が徹底的に行なわれているにもかかわらず、今日でもこのような難点が現われてくるとすると、ケトンのロベルトゥスがラテン語訳コーランに着手し、こうして全く新たな土地に足を踏み入れたとき、彼はいったいどれほどコーランに内在する錯綜した状態に直面したことだろう。コーラン翻訳の序文（Praefatio）において、ロベルトゥスも率直にこのことを認めている。(7) したがってコーランのテキストが、彼にとって首尾一貫せず、非論理的に構成されていると思われるかぎり、自分の考えでそれを理解できるように努めたとしても不思議ではない。その際に、彼が重大な脱線や間違いを犯したことは明らかであり、それらが最初のコーランの完訳の価値を著しく減じることにもなっている。すでに、セコビアのファアン（一四五六年以降歿）は、この翻訳の不完全な点、弱点、欠陥に気づいていた。

（a） 形式上の侵害

ケトンのロベルトゥスはアラビア語原典に対してかなり自由に手を加えたが、その一つに新たな章区分がある。ケトンのロベルトゥスは、スーラ（章 sura）という用語さえもアザーラ（Azara）という語で訳しているが、これはM・Th・ダルヴェルニーによると、おそらくは、他の諸文書にも見出されるように、トレドでなされていたこの語の発音に音を一致させたものであろう。彼は、最初の章（al-Fātiha 開扉の章）——その独特な内容から「書物の母」と呼ばれ、キリスト教の「主の祈り」にほぼ匹敵する祈りとされる——を導入の祈りと見なし、そのためであろうが、章には数え入れていない。これに反して、第二章から第六章までの長い章は短い章に分割された。このため、通常の一一四章に代わって合計で一二三章になっているのである。

（b） 内容的な欠陥——三つの例

しかしながら、コーランの形式上の新たな区分よりも一層重大なことは、ケトンの翻訳が含む内容的な欠陥である。この時代のたいていのラテン語訳と同様に、ケトンのロベルトゥスもアラビア語原典を抄訳するだけですませることが頻繁にある。彼は言葉の正確さにあまり頓着しない。むしろ彼の関心は、コーランを誰にでも理解できるようにすることにあった。このことを達成するために、彼はコーランの原典の箇所をあっさりと省略してしまっただけでなく、彼にとって適当と思われた場合には、明瞭な理解の手助けとして、彼の方で補足を加えたのである。ここでは、三つの実例だけを挙げるにとどめよう。

ムスリムという語の訳について

キリスト教徒の場合、その名称はイエス・キリストにさかのぼるが、これに対し、イスラームの信奉者は、その創始者ムハンマドにならって「ムハンマド教徒」とは自称せず、自らをムスリムと理解している。この「ムスリム」という語はどのような意味だろうか。

ムスリム（muslim）はいわゆる第IV型の動詞 aslama の能動分詞形で、islâm（イスラーム）はそれに属する動名詞形である。この動詞の語根は salima（slm）であり、「完全である」「無傷である」「無事である」を意味している。この語根を作為ないし使役の意味に変形した第IV型は、これに従って、「完全に委ねる」という意味になる。この場合、「完全に委ね」られる対象が、そのつど細かく規定されねばならない。例えばコーラン第三章二〇節が「私は私の顔を神に全くお任せした（aslamtu)」（二章一一一節、四章一二五節、三一章二二節参照）と定式化するとおりである。しかし、aslama は、かなり以前から目的語と関係づけることなく絶対的な意味で使用されていたことが明らかである。この言葉で表現されるべきことは、人間が己れのすべてを神に委ね、真正で真実の平安を見出すという内的な態度である。これがムスリムという言葉の意味である。

残念ながら、ケトンのロベルトゥスは、このムスリムという言葉の本来の意味を把握できず、そこに込められている深い霊的な意味内容を適切に表現しなかった。彼は、このイスラームの信仰にとって典型的な姿勢を、まわりくどく言い換えるか、全く無視するか、あるいは credere（信じる）という語で訳したのである。

誤読

アラビア語は本質的に子音言語であり、長母音だけが示される。それ以上の母音表記がなされないかぎり、子音表記の原典からは誤読が生じやすく、実際、その意味が前後関係からのみ推測できる場合がしばしばある。ケトンのロベルトゥスもこうした難点に関わらねばならなかっただろうし、少なくとも、写本伝承の難点には関わらざるをえなかったであろう。

誤読に基づく特に重大な誤解が、コーラン三章四五節の翻訳に含まれている。本文は、「天使たちが告げた。マリアよ、神はお前に彼のことば（kalima）を告知する。その名はキリスト・イエス、マリアの子である。彼は、現世においても来世においても栄誉を受け（wadjih）、（神の）お傍近くにおかれることを許された者たちの一人である……」である。この句をアラビア語からラテン語に訳す際に、ケトンのロベルトゥスは、重大かつ後世に影響を及ぼすような間違いを犯した。すなわち、彼は、アラビア語の wadjih（栄誉を受ける）を wadjih（顔）と読み、そのため facies（顔）と訳したのである。キリスト教とイスラームとの対決の歴史におけるキリスト教の重要な代表者の一人ニコラウス・クザーヌス（一四〇一－六四年）は――彼については後述する――『コーランの精査』（Cribratio Alkorani）の第一九章において、彼のキリスト論の説明の根拠としてこの箇所を利用し、コーランを援用してキリストが「あらゆる民族の顔」（facies omnium gentium）であると説明する。この解釈は、ムスリムの観点からすると全く間違った見解である。

意図的な誇張

ビザンツおよびラテン世界に由来する反セム的な論争において、イスラームの道徳的観念と性的観念は昔から好まれたテーマであり、これに関係してコーランの終末論も好まれたテーマであった。ケトンによるコーランの翻訳も、この点では、一種の誇張の傾向があることは看過できない。原典では何でもない箇所ですら、翻訳では猥褻な意味合いを含んでいることが珍しくない。例えば、コーラン三章一四節で、「人が欲するもの、妻、子供……への愛は人間にとっては魅力的に見える」という箇所を、ケトンのロベルトゥスは「女との性交および子供を抱擁すること」と訳しているのである。

（c）最初のラテン語訳コーランの価値と中世におけるキリスト教徒とムスリム双互の理解への貢献

ペトルス・ウェネラビリスの依頼により、一一四三年七月に完成されたラテン語訳コーランが、その時代にとって前方への一歩、正しい方向への一歩だったことは疑いない。例えば、ムハンマドの預言者性といった中心的なテーマは確実に提示された。すなわち、ムハンマドは誤解の余地なく預言者として現われているのである。また、われわれが始めに概観したコーランの啓示神学的な構想も、その趣旨にそって明確にされた。このことは、コーランが神の啓示された言葉であり、天から下されたものであるというコーラン自体の主張にもあてはまる。ケトンのロベルトゥスはこの点に関して、「天から送られた」（coelitus missus）また「神的な」（divinitus）という訳語を使った。キリスト教の三位一体観に対するコーランの批判すらも正確に訳されている。例えばコーラン四章一七一節が挙げられよう。そこでは、「（神が）三であるなどと言ってはならない。やめなさい。それがお前たちの身のためだ。神は唯一の神である。彼は讃えられるべき方。神に子があるなどとはもってのほか」と述べられている。ラテン語版では、「神々が三人であるなどと言ってはならない。神は、子を持たぬ唯一の神に他ならないのだから」（ne dicatis Deos tres esse, cum non sit nisi Deus unus, qui filio caret...）となっている。

最初のラテン語訳コーランに含まれる多くの不足、間違い、欠陥にもかかわらず、また意訳と註釈のためにアラビア語の原典が切り詰められたにもかかわらず、コーランの本質的な信仰内容はしっかりと表現されているということは銘記されてよいだろう。それゆえ、ムスリムの聖典そのものに取り組み、これと対決する可能性が、西欧のキリスト教にとってはじめて提供されたのである。このための路線を定めたことは、ペトルス・ウェネラビリスのいつまでも残る功績である。

この最初のラテン語訳コーランには、五世紀にもわたって最も利用された翻訳であったと自己主張する権利がある。また、今日、分かっている最古のイタリア語訳、ドイツ語訳、オランダ語訳コーランはこれを底本にしている。これから筆写された多数の写本は、この翻訳が当時、広範囲に流布したことを示している。ケトンのロベルトゥスのラテン語訳コーランは、一六九八年になってようやく、イタリア人ルドヴィコ・マラッチ（一六一二―一七〇〇年）の比較にならないほど優れた、精確な翻訳によって取って代わられたのである。

一六世紀にケトン訳のコーランがバーゼルで初めて印刷に付されることになったとき、それはキリスト教徒の間で論争の的になった。この印刷に賛成する人々もいたが、これに反対を表明する人々もいた。マルティン・ルターの調停によって、ようやく一五四三年一月一一日に印刷は解禁された。(8) ルターは、一五四二年一〇月、バーゼルの市参事会に宛てた書簡で、当時論争中だった印刷に付すことを次のような理由から弁護したのである。「ムハンマドまたはトルコ人たちに対して〔直接に〕やっかいなことをするのではないが、もっと多くの害を与えることができる（もちろんあらゆる武器を用いればもっと多くなるが）ということが、私をその気にさせました。なぜならば、彼らのコーランがキリスト教徒の間で白日のもとにさらされれば、その翻訳の中で、この書物がいかに虚言と作り話と残虐さに満ちた、呪わしく罪深く疑わしいものであるかを、彼ら〔キリスト教徒〕が知ることができるようになるからです……」(9)。

V　イスラームとの対決におけるフランシスコ会とドミニコ会――四つの具体例

一三世紀初頭にフランシスコ会とドミニコ会の宣教活動が開始されることによって、イスラームとキリスト教の対決は新たな局面に入った。最初の時代は、ムハンマドとコーランに対する非和解的な姿勢、無知、激しい論駁によって特徴づけられるが、今や〈護教論的な〉傾向が確かな地位を獲得したのである。たとえイスラームとの対決において論駁が引き続き定席を占めていたとしても――その姿勢は、時々の政治的関係に応じて、強く打ち出されることもあり弱まることもあるが――しかし、イスラームに対する態度に強調点の移動が認められるのである。この新たな強調点は、ムスリムをキリスト教信仰に近づけ、聖書の使信が真正であることの論証を彼らに伝えようとする意図が強まった結果である。すでに九世紀の東方で、ムスリムのアル・ハシミーとキリスト教徒のアル・キンディの往復書簡としてアラビア語で起草された最も有名な護教論の一つである『アル・キンディの護教論』において追求されたこと、西方においてはペトルス・ウェネラビリスの着手したことが、托鉢修道会によって担われ、今や展開し始めたのである。たとえ実際的な伝道の成果としての改宗はわずかであったとしても、今やイスラームとの対決の新たな局面の展開を特徴づける意図が認められるのである。すなわち、イスラームとの神学的な論争の必要性を認識し、またそのために必要な前提条件を作り出すことに修道会が努力したことである。

フランシスコ会は、「説教と徹底した非暴力という実存を賭した模範によって」改宗を呼びかける(1)ことだけに活動を限定し、何をさておいても実践的－宣教的な司牧活動に専念したのに対し、ドミニコ会は、当初からイスラームとの知的な対決に全力を尽くした。

このような取り組みは、確固とした基礎をもつ神学教育と外国語の知識を前提とした。ドミニコ会は二つのことを発案することでこの問題を処理しようとした。一方で、彼らの修道会の学者には、ユダヤ人とムスリムそれぞれの独自の信仰形態とそれに対抗できる反駁をハンドブックにまとめることが命じられ、現地の宣教師たちはこれを情報と方針決定に活用することができるようになり、他方で、ドミニコ会は独自の語学学校を設立した。こうして、キリスト教徒とムスリムの論争をより高い水準に高めるための第一の前提条件が整えられたのである。

ムスリムのもとでの伝道活動の先駆者は、フランシスコ会の創立者アシジのフランチェスコ（一一八一／八二－一二二六年）であった。彼自身がその共同体の修道士とともに、ムスリムを改宗させようと、彼らのもとでの説教に献身したのである。しかし、これはあまりにも子供じみた無邪気さを露呈する向こう見ずな大それた行為であった。というのも、彼らは、自分たちの生命を危険にさらしただけでなく、場合によっては、自分たちの説教に耳を傾けるムスリムの生命をも危険にさらすことになるからである。ムスリムには改宗が厳しく禁じられていた。周知のとおり、イスラームの伝統では背教に対してはふつう死刑が科せられるのである。これによって伝道の成果が乏しかったことが説明されるものの、他方、その時々のムスリムの支配領域の宗教的－政治的閉鎖性と安定性がそのさらなる理由とみなされねばならない。だが、それにもかかわらず、フランシスコと彼の修道士はひたすら殉教を目指す覚悟を固め、ムスリムのもとで説教をするために赴いたのである。一二一九年、五人の修道士がモロッコに赴いた。ムハンマドとイスラームの教えに対する誹謗がすでに九、一〇世紀に禁止されていたのは周知のことだったにもかかわらず、彼らはあからさまにイスラームを中傷したため、一年後にはその危険な企てのゆえに命を失うはめになったのである。それゆえ、H・フェルトが述べるように、殉教を目指しながらも果たしえなかった彼らの修道会の創設者自身をしのぐ成功が、彼らには授けられたということになる(2)。

ドミニコ会もまた、教皇ホノリウス三世（在位一二一六－一二二七年）の要求に応じて、一二二五年から北アフリカで実際の宣教活動に従事した。

もちろん、この托鉢修道会は、伝道だけでなく、十字軍説教への参加も申し出た。「キリスト教界はさまざまな出来事をとおして、剣に訴えるという誘惑にくりかえし駆られた。カスティーリャのアルフォンソ八世が一二一二年にラス・ナバス・デ・トロサでムーア人に勝利したことは、アフリカの地に戦いを移す刺激となった。ホノリウス三世は、このために十字軍と同様の贖宥を与えたのである」(3)。

けれども、十字軍と全く同様に、ムスリムのもとでの宣教の努力も結局はすべて水泡に帰した。伝道は開始されたものの、イスラームの側で定められた制限のゆえに、全体として見ると、出発点より先に進むことはなく、実際、その宣教が及ぶ範囲は、キリスト教徒の商人、兵士、戦争の捕虜の司牧に限られていた。教皇たちにしろ、北アフリカ地域と貿易関係を保っていたキリスト教の諸国家にしろ、スルタンのもとでできたことと言えば、かろうじてキリスト教徒のために礼拝の自由を獲得したことだけであった。キリスト教徒へのムスリムの改宗という希望は夢となったのである。

一　アシジのフランチェスコと彼の発意

一一八一年ないし一一八二年の初頭に、アシジのフランチェスコはウンブリアの小都市で富裕な織物商の息子として生まれた。それは、まさしく、十字軍思想に刻印された時代のただ中であった。教皇インノケンティウス三世は、H・ヴォルターの指摘するように「わずかな世界的時間の間に」(4)、ヨーロッパの指導的地位を占める政治的人物になっていた。おそらく一二〇九年初頭、最初ためらった後、フランチェスコにその（第一）会則と生活形態について口頭で認可を与えたのは、インノケンティウス三世であった。また、一二一五年一一月にローマで、中世最大の教会会議である第四ラテラノ公会議を開催したのもインノケンティウス三世だった。上述のようにこの会議は、とりわけ、聖地奪還のために新たな十字軍を起こすことに全力を注いだのである。第四回十字軍の結末は十字軍の高揚感を冷却させることができたはずだが、事態は逆であった。つまり、キリスト教徒に対してすら十字軍を派遣したという先例ができてしまったので、ヨーロッパの内部で新たな行動が勃発することになったのである。カタリ派の二元論と密接に関係するアルビ派に対抗する軍事的措置は――インノケンティウス四世はこれを十字軍と宣言した――合法的な虐殺として二〇年間も続いた（一二〇九―二二九年）。キリスト教徒がキリスト教徒を情け容赦なく虐殺したのである。アルビ十字軍だけでなく、一三世紀のイタリアで教皇たちがシュタウフェン王家一門に対して行なった政治的動機による多数の十字軍は、「本来の十字軍の理念の倒錯」に他ならなかった。[5]

このように戦争と暴力に刻印された周囲の世界の中で、アシジのフランチェスコは育った。[6]二〇歳のときには彼もアシジとペルージャとの都市戦争に従軍し、捕虜となり（一二〇一―〇三年）、富裕な父親によって買い戻された。その後、彼は重い病気に罹る。だが、戦争、捕虜、病気といった生々しい体験も、やがて彼がそうなるはずの平和の説教者への転換を引き起こすものではなかった。再び彼は戦争に出発する。今度は騎士の身分を獲得するために南イタリアへと赴くことになったのである。彼の出立は、教皇インノケンティウス三世にそそのかされ、南イタリアにおける勢力関係を単独で決定しようとしたブリエンヌ伯ゴーティエ三世（一二〇五年歿）のアプリアへの軍事行動とおそらく関係があるだろう。

フランチェスコにとって——上述のように——とりわけこの頃から、ここでは立ち入ることのできない幻視的な出来事によって、彼の人生の転機が開けたのである。それは、「彼の若い頃の戦闘的野望が契機となったのでもなく、独立のための市民戦争が契機となったのでもない」(7)。これから後、彼の広範囲な宗教的－政治的参加は、まぎれもなく平和主義的である。彼はキリスト教徒にだけでなく、非キリスト教徒にも福音を宣教しようと望んだ。この後半の発意は、われわれにとってとりわけ興味深い。というのも、アシジのフランチェスコが特にイスラームに対して、どれほど偏見なく対処したかを示しているからである。

福音の使信を宣教するために、彼は三度、「不信仰者」つまりムスリムの地に旅行することを企てたという。まず彼は、一二一二年に東方に出発したが、ダルマティアまでしか行けず、ついで一二一四年、モロッコに行こうという気持ちに駆られた。そこは、ラス・ナバス・デ・トロサの会戦で敗退したムワッヒド朝の大部分が退却していた場所であった。しかし、病気のために帰還する気になったという。イスラームの地に行こうとする彼の企ては三度目についに実現した。一二一九年、彼はエジプトに赴き、その地で、ダミエッタの砦を包囲していた十字軍兵士の陣営を訪問した。一二一九年の八月二九日にスルターンのアル・カーミルは、キリスト教徒の包囲軍に対して多大の戦果をあげ、ついで彼らに和平を提示した。こうした状況の中で、アシジのフランチェスコは、スルターンのアル・カーミル自身と語り合うために、ムスリムの陣営を訪問することを決心した。実際、彼は、スルターンに福音の使信を深く理解してもらうために、個人的に会見することができたのである。スルターンは、「彼の言葉に寛容に耳を傾けた」と思われる。「その寛容さはこの交渉の時期にはふさわしいものであったが、しかし、アル・カーミルはフランチェスコが望んだ改宗を考慮することはなかった」(8)。一二一九年一一月五日の十字軍によるダミエッタ攻略の後、アシジのフランチェスコは、そこで十字軍によって行なわれた大殺戮、その血に飢えた様、掠奪欲に嫌悪を覚え、シリアに向けて旅立ったらしい。スルタンのアル・カーミルは二年後の一二二一年九月八日、最終的には勝利者としてダミエッタに入城したのである。

ムスリムのキリスト教徒への改宗によって平和を築くべく、アシジのフランチェスコがとった行動は無駄足であった。スルターンを改宗に導くか、それとも自らが殉教を遂げるかという期待が満たされることはなかった。アシジのフランチェスコがスルターンとの交際において見せ、さらにイスラームに対する彼の態度を特徴づけるあの無邪気な素朴さが、どうして可能なのかという問題は、当時も今も解かれていない。それはおそらく、溢れんばかりの使命感を伴った彼特有の常軌を逸した性格の表れと見なさなければならないだろう。つまり、他の場合でも彼の行動を異常なもの、ときには極めて痛々しいものに見せる特徴である。スルターンが彼を全面的に歓迎したことは、スルターンの置かれた難局から説明できるかもしれない。アル・カーミルは、アイユーブ朝のエジプトにおける要所を救い出そうとしていたので——しかも、ナイル川の氾濫が起こらず、そのため凶作と飢饉が迫っていたこともあいまって——交渉に賭けねばならなかったのである。彼にとっては見ず知らずだったアシジのフランチェスコの言葉に耳を傾けたのは、こうした状況下での日常の政治的エピソードであり、戦時の憂鬱な気分にあって、ムスリム陣中に数日間の気晴らしをもたらしたというだけのことかもしれない。政治的に見ればこの試みはほんの一時的なものにすぎなかった。

二　トマス・アクィナス『信仰の諸根拠』(De rationibus fidei)

トマス・アクィナスは、『信仰の諸根拠』(9)における叙述を、「あなたがたが抱いている希望と信仰について弁明を要求する人には、いつでも応答できるように備えていなさい」という「ペトロの手紙一」三章一五節の綱領的な命題で開始する。注意を払われることがあまりにも少ないこのトマスの著作は、『対異教徒大全』(Summa contra Gentiles) の完成後に執筆され、中心的なキリスト教的信仰の証言の要綱を、まず第一にイスラームとの対決を念頭において、そして以下のイスラーム信仰の教説を特に考慮に入れながら提示している。

(1)　神の排他的な一性と唯一性に関するコーランの教説。

（2）イエスが神の子であることおよび彼の十字架における死をコーランが否定していること。

（3）一方で行為の自由、他方で決定論ということに関する問題。

それとともに、トマス・アクィナスは、彼が述べるところによると、アンティオキアの聖歌隊指揮者が回答を求めて彼に質問した論題を切り出す。トマスはこの指揮者の現場での活動を支援し、ムスリムに対して論証ができるよう手助けしようとしたのである。

われわれの目標は以下のとおりである。一　トマスによって表明された、ムスリムとの対決における解釈学的な原則を(a)紹介し、(b)その妥当性を問うこと。二　トマスによって略述された、ムスリムとの対話における論証の試みの有効性を点検すること。三　キリスト教徒とイスラームとの対決の歴史において、トマス・アクィナスが占める位置の価値評価をすることである。

トマス・アクィナスの『信仰の諸根拠』という書物は、彼の修道会によって宣伝された、イスラームとの知的な対決という背景に基づいて吟味されねばならない。確かにこの書物は、アンティオキアの聖歌隊指揮者の問い合わせに対する返書として、まずは暫定的な著作ではあるが、しかし、その的確な神学的叙述という形をもって、イスラームの信仰的立場と対決しながら、キリスト教信仰の中心的な玄義を簡潔にして要領を得た形でまとめ、提示したものである。アンティオキアの聖歌隊指揮者が誰であったかは不明である。これについては意見が分かれている。

(a) 『信仰の諸根拠』の起草について

『信仰の諸根拠』は、内容的には『対異教徒大全』、つまり、独特の方法をもって非キリスト教徒にも理解できるような論証に力を注いだ、キリスト教信仰のあの偉大な包括的著作に極めて近い。[10] この内容的な親近性は——これについてはすぐに述べるが——少なくとも『信仰の諸根拠』の執筆年代を絞り込む根拠を提供しているだろう。というのも、トマスはこの小著の中でくりかえし『対異教徒大全』に言及しているからである。[11] この点についてこれまでになされた議論をすべて、ここで詳論することはできないが、確実に言えることは、『信仰の諸根拠』は『対異教徒大全』の完成後に執筆されたということである。

(b) 『対異教徒大全』との親近性

『信仰の諸根拠』という著作は内容的に『対異教徒大全』に極めて近い。両著作の思想的な親近性は明白である。おそらく、トマス・アクィナスは、『対異教徒大全』をペニャフォルテのライムンドゥスの指示で執筆したのだが、後者は、スペインにおいてムスリムの宣教に従事したドミニコ会の指導的人物たちのうちの一人である。彼の発意によってスペインにアラビア語の学院が導入された。おそらく『対異教徒大全』は、将来の宣教師を養成するためにドミニコ会が設立した神学院の教科書と見なされていたと思われる。

『信仰の諸根拠』という小論は、その大部分がイスラームの具体的な信仰の立場との対決である。すでに少し触れたように、トマス・アクィナス自らこの中で『対異教徒大全』に言及しているのである。

トマス・アクィナスは、そのさまざまな小論においてこそ「偉大な哲学的・神学的思想と思想のつながりを、鋭く、簡潔かつ明晰に刻印し、言い表すことによって、その非凡な才能を示している」とM・グラープマンが主張したのはもっともなことである。[12] このことは『信仰の諸根拠』という小論にもあてはまる。この著作も、「提示された問題点をできる限り明晰に、分かりやすく、しかし、全く余すところなく取り扱おうとする努力と技量を示している」[13] とM・グラープマンは続ける。『対異教徒大全』で詳細かつ念入りに述べられた思想を、トマスは『信仰の諸根拠』で簡潔かつ的確にまとめ上げたのである。

(c)　方法論的な熟慮

たとえ、『信仰の諸根拠』がアンティオキアの聖歌隊指揮者の質問に対する返書として、まずは暫定的な著作であったとしても、その内容の根本的な性格は、『対異教徒大全』において詳述されたことと遜色がない。この両者のどちらにおいてもトマスは、他の信仰との対決に関して基礎的な宣教理論の原理を述べる義務があることを自覚しているのである。

責任をもって信仰を弁明すること

トマス・アクィナスは、『信仰の諸根拠』における叙述を、「あなたがたが抱いている希望と信仰について弁明を要求する人には、いつでも応答できるように備えていなさい」（一ペトロ三章一五節）という綱領的な命題で開始する。この「ペトロの手紙一」からの命題は、今日に至るまで基礎神学ないし護教論のマグナ・カルタと見なされている。これによって特徴づけられる、信仰の弁明に対する関心は、キリスト教神学それ自体と同様に古い。信仰の根拠を問う人に対する弁明の備えがこのように求められていることが、キリスト教神学全体の変わることのない根本的特徴である。むろん、信仰の弁明がなされる相手は変わった。最初、その相手はローマ帝国の異教的環境であり、精神的にはローマのヘレニズム哲学と政治的形而上学で代表された。その後、中世においてそれは、何よりもイスラームであった。イスラームは、地政学的に考えると、この時代の世界の一つの死角から凱旋行進を開始していたのだが、それは、信仰の力によって動員されたムスリム・アラブ人によるものであり、時代とともに強まるたくましい経済的利害とも結合していた。こうしてイスラームは、その宗教的－政治的権力の増大によって、キリスト教の側では脅威と感じられたのである。このような精神的、宗教的、社会政治的な情勢から、アンティオキアの聖歌隊指揮者の問いは生じてきたのであり、それをもってトマス・アクィナスに回答を求めて問い合わせをしてきたのである。この状況でトマスがまず第一に注意を喚起したのが、キリスト教徒の各人に関わるキリスト教神学のあの原則、すなわち、各々のキリスト教徒は、具体的な社会的－歴史的状況から生じる反論、困難、問題に対して、その信仰を弁明できるように備えるという原則であった。

信仰の論証可能性を提示すること

この弁明のための備えは、トマスが第二章で述べるように、キリスト教の信仰箇条という原理を証明することを目標とすることはできない（II・七・一四－一九）[14]。それゆえ、彼はアンティオキアの聖歌隊指揮者に、まず第一に、信仰を〈必然的諸根拠によって〉（rationibus necessariis）証明しようとしてはならないことを厳命する。というのも、重要なことは、信仰の所与の合理性（Rationalität）ではなく、その論証可能性（Rationabilität）を提示することだからである。「まず私が貴兄に覚えておいていただきたいことは、信仰箇条に関する不信者との論争においては、信仰を必然的諸根拠によって証明しようとしてはならないということである。というのも、それは、信仰の崇高さを損なうことであり、信仰の真理は人間の精神のみならず、天使のそれすらも凌駕しているからである。むしろわれわれは、〈信仰内容〉をいわば神ご自身から啓示されたとみなしているのである。ところで、最高の真理に由来するものが、偽りであることはありえない以上、偽りでないものは何ごとも必然的根拠によって反駁されることはありえない。われわれの信仰は、それが人間の精神を凌駕しているために、必然的諸根拠によって証明することができないのと同様に、その真理のゆえに、必然的諸根拠によって否認されることもありえないのである」(II・七・一一―一三)。ここでトマス・アクィナスは、非キリスト教徒との対話における彼の神学的方法の根本原則を簡潔にして要を得た形にまとめている。神によって啓示された信仰内容と、したがってその論証も偽りであることはありえないのだから――事実、神自身がその保証者である――この神によって保証された真理も理性の真理と解決不可能な矛盾に陥ることはありえない。というのも、偽りではない事柄は、偽りではありえない以上、必然的な理性的諸根拠によって偽りであると証明されることはありえないからである。したがって、神から保証された信仰は、人間の認識を凌駕しているので、〈必然的諸根拠によって〉証明されることもありえないし、またそのようなものによって否定されることもありえない。このため、キリスト教の護教家たちのできる努力は、この信仰を証明しようとすることではなく、擁護しようとすることなのである(II・七・一四―一六)。このことは、すでに「ペトロの手紙一」が求めていることである。「したがって、聖ペトロも『証明できるように常に備えていなさい』とは語らないで、『弁明できるように』と語ったのであり、それによって、信仰の証言が偽りではないことが示されることになろう」(II・七・一六―一八)。

このトマス・アクィナスの宣教理論の発端において、彼の神学的方法の批判的―否定的機能が明らかとなる。それは、いかなる神学であれ、理性的に到達することも理性的に取り払われることも不可能な、踏み越えることのできない最後の限界の前に立っているという事実を知らしめるのである。それだけになおのこと求められるのは、かろうじて可能であること、つまり信仰の論証可能性を示そうと試みることなのである。

共通の出発基盤を探し求めること

異なる信仰を抱く人々と対決するための方法論を熟慮する中で、トマス・アクィナスはアンティオキアの聖歌隊指揮者に宣教論のもう一つの原則を挙げる。後者は――キリスト教とムスリムの対話の困難を熟知していることが明らかな――彼自身の問い合わせの中で、「サラセン人も受け容れる道徳的・哲学的諸根拠」を提示してくれるように要望しているのである（I・六・一以下）。そこでトマスは「諸権威を認めない者たちに、諸権威を引き合いに出すことは、無益なことのように思われる」（I・六・二以下）と答えている。この指摘はごく当然のことのように響くかもしれないが、決してそうではない。というのも、キリスト教とイスラームとの対決において、コーランを聖書的に解釈し、聖書をコーラン的に解釈する試みが、これまでにもくりかえしなされたからである。もちろんこの道の先は行き止まりである。そのためには、両者の側で受け容れることのできる共通の出発点を探すことが何より重要な意味をもってくる。トマス・アクィナスは、すでに『対異教徒大全』（I・二）においてこの解釈学的問題を主題的に取り扱っている。異なる信仰をもつ者たちの理解に対処することは困難である、と彼は記し、次の二つの理由を挙げる。すなわち、彼の言うところによると、一方に、自分が他の信仰とそれの立場について十分に知らないということがあり、他方に、ムスリムと不信仰者が聖書を神の真正な言葉と認めないということがある。したがって、彼らとの対決の際には聖書が根拠および共通の基礎として前提にされることは不可能であり、自然本性的な理性だけが共通の基盤として残るのである。トマス・アクィナスの場合、ここにもまた、彼の神学的方法の批判的－否定的機能をかいま見ることができる。不信仰者との対決において、まさにこれが彼にとってどれほど重要であったかは、アクィナスの他の著作からも明らかである（『神学大全』Ⅰ・一・8参照）。

このような意味でトマス・アクィナスは、『信仰の諸根拠』において、アンティオキアの聖歌隊指揮者がもたらしたムスリムの異議に対処することを試み、そのため、彼がキリスト教の信仰内容を説明する場合には、聖書の証言に拠ることを大幅に断念し、ムスリムも——彼の推測によるのだが——ついて来ることができるように思考を誘導することに限定したのである。

(d) ムスリムの異議に対する応答

トマスが『信仰の諸根拠』において言及したムスリムの異議は、トマスが明言するように、アンティオキアの聖歌隊指揮者の報告に基づいている。このような指摘は重要であり、それは、トマスがイスラームに十分に精通した者の一人ではないということを明らかにする。確かに、トマス・アクィナスがイスラームに関する膨大な知識をもっていたことを証明しようとした試みもあり、とりわけ、『トレド集成』（Corpus Toletanum）の活用に関してそうした試みがなされたが、今日では根拠の薄い推測である。トマス自身は明らかに自分の知識が不十分であることを自覚しており、コーランのラテン語訳本文が提示されてはいても、彼が実際にコーランを読んだと見なす根拠はない。周知のとおり、最初のラテン語訳コーランはペトルス・ウェネラビリスの発案に由来する。トマスの場合、ムハンマドとその教説に関する事柄は、当時、西欧の知的世界の至る所で知られていた伝承である。『信仰の諸根拠』が証明するとおり、トマスのイスラームに関する知識は初歩的知識の域を出るものではない。

三位格における一なる神

「さて、貴兄の言うところによると、サラセン人たちは、神には妻がいないのに、われわれがキリストを神の子と呼んでいることを嘲笑している。つまり、われわれが神における三つの位格を告白していることから、われわれが狂っていると彼らは見なすのである。というも、彼らは、われわれがそれによって三人の神を告白していると信じているからである」（I・三・二―五）。ここでトマスがアンティオキアの聖歌隊指揮者の報告としてくりかえしていることは、ムスリムの立場を正しく再現している。事実、コーランはキリスト教の三位一体論を誤解の余地なく否定しているからである。「そこで神と神に遣わされた者を信じなさい。決して三などと言ってはならない。やめなさい。それがお前たちの身のためだ。神は唯一の神である。神は讃えられるべき方。神に子があるなどとはもってのほか。天と地にあるものは神のものだ。神は保護者として十全の方」（コーラン四章一七一節）。もちろん、コーランは、キリスト教の三位一体の理解を正確に再現しているわけではない。それは、キリスト教の三位一体信仰を三神論と誤解したように思われるし、以下の五章一一六節の問いから明らかなように、神（父）、マリア（母）そしてイエス（子）からなる三つ組みを想像していたように思われる。そこでは、「神が語られた時のこと、マリアの子イエスよ、お前は、人々に『神のほかに私と私の母を神とせよ』などと言ったのか」とある。こうした誤解は別としても、コーランは、神の三位一体を告白するキリスト教徒を論駁し、さらに三位一体を否定しないと神の処罰が下ると脅迫する。「神は三者のうちの一人であるなどと言う者は不信仰者だ。唯一の神の外にはいかなる神もない。そのようなことを言うのをやめないと、彼ら不信仰者には手痛い処罰が降るだろう」（同五章七三節）。

確かに、コーランがくりかえし神の唯一性を強調したのは、何よりも古代アラビアの多神教に対抗するためのことだったが、しかし、それはキリスト教の神概念の中核にも同様に向けられることなのである。すなわち、「（彼は）天地の創造者。（彼のために子供を産むことができるような）伴侶もいないのに、どうして子供などありえようか。彼は（ご自身で）万物を創られたのではないか。彼は（この世界にある）すべてのことをご存じだ」（同六章一〇一節）と述べられているとおりである。

トマス・アクィナスは、コーランによるキリスト教的な三位一体信仰の歪曲を退け、第三章で「生むことは神学においてどのように理解されるべきか」（Qualiter in divinis generatio sit accipienda）を述べる。それと関連して、彼はキリスト教の立場を次のように説明する。すなわち、三位一体の内的関係によって実在的に異なる三つの自立存在（hypostasis）ないし位格（persona）が唯一の神的本質においていかに考えられうるのかを示すために（VI・四三・一－四八・一五参照）、〈知性の在り方によって〉（per modum intellectus）父から子が発出すること（III・八・一－一六・一六参照）、および〈愛の在り方によって〉（per modum amoris）父と子とから聖霊が発出すること（IV・一七・一－二四・一六参照）は、霊的性格の事柄であることを説明する。ここでトマスがごく手短に提示する思考の過程は、彼の他の著作で詳細に展開された論証を要約的に述べるものである。

イエスの十字架上の死とその意味　十字架における救済

『信仰の諸根拠』の中で、イスラームの立場との対決においてもう一つの重点となることは、イエスの十字架上の死がもつ意味である。

「彼らはまた、われわれが、神の子キリストが人類の救いのために十字架につけられたと主張することを嘲笑する。というのも、神が全能であるならば、その子の受難がなくても人類を救うことができたはずだし、また、人間が罪を犯すことができないように、人間を創造することもできたはずだというのである」（I・三・六―一〇）。イエスの十字架の死に関して、コーランの申し立てには疑問の余地がない。コーラン四章一五七節は、次のように断言するユダヤ人に対して語られている。「（彼らは）『われわれは、キリスト・イエス、マリアの子、神から遣わされた者を殺した』と主張する。彼らは彼を殺したのでもなく、また彼を十字架につけたのでもなく、そうではなく、彼に似た人物が彼らに見えたに過ぎない。彼について意見を異にする人々は、彼に疑問を抱いているのである。彼らは、自分たちの臆測に従う以外は、彼について何の知識も持ってはいない。彼らが彼を殺したのではないことは確かである。神が彼をご自身のもとに引き上げられたのである。神は力あり、知恵のある方である」。したがって、ユダヤ人たちはイエスを十字架につけることができなかった。神は彼を救い出した。神だけが生死を意のままにできるのである。屈辱に満ちた使徒の死は神の栄誉に反するものだというのが、コーランの見解である（コーラン二九章二四節参照）。

イエスの十字架を否認することは、明らかにキリスト教の救済論を疑うことである。それゆえ、トマス・アクィナスは、アンティオキアの聖歌隊指揮者の要望に応じるとともに、イエスの十字架および救済の死に関するキリスト教の教説の正当性を明らかにしようと試みる。彼の考えによると、ムスリムはこの秘義の深みを理解していない。そこで、まずもって受肉の意味について改めて詳述し、それを明らかにすることが必要となるのである。彼の基本的な考えは以下のとおりである。

(1)　堕落した人間は、原義が欠如しているために、自分自身で神の義を満足させることができない。彼は、神の恵みによって新たにされねばならなかった。「そこで、意志の転倒に他ならない罪の無力を取り除くこと、このことを、万物を創造した彼の御言葉によって行なうことが、何よりも神にふさわしいことである」(V・二八・一六—一九)。

(2)　人間が、そのために、つまり、自分自身を救済するために自力では何もできない状態にあるとすれば、彼はその救済を神に負うのである。神は、人間への愛のゆえにみずから参与し、子の位格において人間の本性を回復させ、すべての人間に救いへの道を再度開いたのである(V・二九参照)。

(3)　神が人間となることにより、神は、本来は神のみが所有する、あの永遠かつ完全な至福への希望を人間に与えたのである(V・三三参照)。

人間の救いへの希望を満たす条件は、トマスによると、神の受肉である。そのため、彼にとって重要なことは、イエス・キリストにおける位格的結合(unio hypostatica)を続いて説明し、人間における魂と身体の統一の類比を介して、読者をイエス・キリストにおけるロゴスと人間本性との位格的統合の神秘へと導くことである(VI・三五・一—四八・一五参照)。

さらに、こうした思弁的キリスト論を前提として、トマス・アクィナスは、『信仰の諸根拠』第七章(四九・一—六三・一二)において、イエスの十字架の死と救済のための死としてそれがもつ意味とに対してムスリムの側から申し立てられた、あるいは挙げられた異議に詳細に立ち入る。それによって彼は、キリスト教信仰がイエス・キリストの十字架の死を救済のための死と告白する場合に、それが意味する事柄の正しい理解の成立に貢献しようとしているのである。

人間の意志の自由について

アンティオキアの聖歌隊指揮者にとって、ムスリムとの論争におけるもう一つの問題として中心となるのは、人間の意志あるいはむしろ神の予定についての問いである。この点に関しても彼は解決をもたらす言葉を懇願する。トマスは次のようにこの質問を再現する。「さらに、貴兄が報告するところでは、自由意志に関わる功績に関して、サラセン人も他の民族も、神の予知ないし定めによって人間の行為に必然性を課しているということである。というのも、人間は、神が人間に関してそのように定めなかったならば、死ぬことも罪を犯すこともできず、また人は誰でもその運命を額に書き記していると、彼らは主張するからである」(I・五・一―六)。

最初にトマスが回答で指摘するのは、これが非常に厄介な問題提起であり、誤謬に陥らないようにするためには、慎重に取り組みがなされ、丹念に考察されねばならないということである(X・八九・五以降)。「すなわち、人間の行為と決定が神の予知と神の定めに服することはないと言うことは誤りである。しかし、神の予知と神の定めから人間の行為に必然性が押しつけられていると言うことも、それに劣らず誤りである」（X・八九・九一一二）。

この問題の困難に関してはイスラームの神学も承知している。ムハンマドさえも、人間が自身の行為において自由であるのか、それともあらかじめ決定されているのかという質問に答える中で、どちらとも決めかねているように思われるし、少なくともコーランの所見はそうである。コーランの一連の章句は予定について語っているが、(15)これに対して、人間の意志の自由について語っている章もある。(16)イスラームの神学者たちもその見解では一致していない。彼らの解釈も、一方で決定論、他方で人間の自由裁量を認める教説という二つの間で動揺しているのである。

例えば、イスラーム初期のいわゆるジャブル派（djabr＝強制）は厳格な決定論を説いた。彼らは、人間の行為――善行であれ悪行であれ――をすべて直接的に神自身に帰した。人間は、自らの欲することを実行する全能の創造神の意のままに用いられる道具に他ならないというのである。

この決定論的な立場に対抗したのが、九世紀のムウタズィラ学派である。彼らは人間の意志の自由を主張した。それが神の全能と矛盾しないという論証である。さらに、命令と禁止に関して、人間は自己の責任でそれらを受け入れるか、拒否するかを決定でき、その結果として、最終的に自分の行動に関して責任を問われるとき、はじめてそれらは意味をもつということが考慮されるべきであるとした。

ムウタズィラ学派の立場に対する反動として、十世紀にアシュアリー学派によってさらに別の解釈の試みが浮かび上がってきた。それによると、神は永遠からの摂理において人間の行動を予定したのである。個々の行為が時間と歴史の中で具体的に実現される仕方は、それゆえ、以下のようになる。個々の行為の原因者と遂行者は神であるが、しかし、個々人は具体的な状況のなかでその行為に同意し、その行為を獲得するとされ、(kasb あるいは iktisab コーラン二章二八一節、五二章二一節)それゆえにその行為に関して責任を問われるのである。

したがって、アシュアリー学派は、一方でジャブル派の立場、他方でムウタズィラ学派の立場との間で、ある種の調停を試みたのである。これによっても満足のゆく解決がなされなかったことは、アシュアリー学派に向けられたおびただしい反対論が示すところだが、ここではこれ以上に立ち入ることはできない。[17]

トマスとしては、アンティオキアの聖歌隊指揮者に以下のような問題の解決を提案する。

(1) 時間的に制約された人間の認識と異なり、神の認識は時間的ではなく、永遠であるから――それは過去も未来も認識することなく、現在のみを認識する――人間の知覚にとっては時間的継続の中で生じることを、神はすべて現在のこととして見る。しかしそれによって、神が偶然的な事柄に必然性を与えるわけではない。(X・九〇・二一―七)

(2) また、神的知恵は事柄の経過を予め見越すことによって定めるが、にもかかわらず、この経過にはいかなる必然性も備わっていない。というのも、個々の事柄に内在する能力はそれぞれに固有の自然本性に応じて〈現実に〉(actu) 現われるからである (X・九七・一一一)。

(3) それゆえ、人間の行為もまた必然性に従属することはなく、人間に固有の意志の自由から引き起こされるが、しかし、あれにするかこれにするかと決定できることは、理性を与えられた存在としての人間の自然本性に属することである。ここでは極めて簡潔に述べられている思想を、トマスは別の著作でより詳細に述べている。[18]

(e)『信仰の諸根拠』の影響史

『信仰の諸根拠』という書物はすでにかなり早くから注目されていた。それを記したおびただしい数の写本がこのことを示しているし、初期の印刷本も同様である。写本については、H-F・ドンデーヌも小論集 (Opusculum) の批判版の序論で、彼が入手できた限りをまとめて列挙した。[19] 一四世紀には、トマスの二大主著である『神学大全』と『対異教徒大全』のギリシア語翻訳者デメトリオス・キュドネスが、『信仰の諸根拠』もギリシア語に翻訳した。これによってこの小論もギリシア語圏で自由に活用されるようになったのである。

『信仰の諸根拠』に与えられた並々ならぬ評価は、『対異教徒大全』の幾つかの章の簡潔な内容的要約ないし説明でもあるという本書の特色に基づいている。このようなものとして本書は、たいていはそれとの関連で、たちまち旺盛な関心を集めたのである。むろん、その場合でも本書は、これとは比較にならないほど偉大な著作の陰に隠れていることが常であった。

この小論は、そのかなりの部分がムスリムに対するキリスト教の信仰内容の弁明であるにもかかわらず、こうしたことを考慮して本書に注目した研究は今までほとんどなく、この点に関して本書の有する意義が詳しく調べられることもなかった。

（f）本書の批判的評価

『信仰の諸根拠』という書は、ムスリムを顧慮してキリスト教信仰を簡潔に解説しただけでなく、同時に、異なる信仰を持つ人々との対決にも有効な一般的宣教理論の根本原則と原理を含んでおり、それらは、トマスが行なった方法論的な熟慮から直接的に生じることもあれば、彼の論証の進め方から間接的に生じてくることもある。

厳密に論証的に進めるという、その原理的な宣教理論の要求を、彼は「ペトロの手紙一」の三章一五節を指示することによって、聖書神学的に根拠づける。そこで求められているのは、誰であれ信仰の根拠を問う者に対して弁明をするために無条件に備えておくということだが、彼は、刺激的な契機および内的な動機としてのこの応答のための備えを、異なる信仰を持つ者との対決にも転用することによって、これを宣教の神学という観点から解釈する。

本書の性格にふさわしく、『信仰の諸根拠』の中心はキリスト教信仰の弁明である。攻撃的なニュアンスは本書にはまったく無縁である。ビザンツ起源のものであれラテン起源のものであれ、中世から、またそれ以降からもわれわれに伝えられているイスラームとの対決は、ほとんど見当もつかないほどおびただしいが、本書は、攻撃性と無縁であることによって、それらとは決定的な対照をなしている。トマスは、アンティオキアの聖歌隊指揮者が彼に提示したキリスト教信仰に対するムスリムの異議に、冷静かつ事柄に即して立ち向かっている。時おりムスリムの側からの〈嘲笑〉（irrisio）に言及することもあるが、決して攻撃的な響きを帯びることはない。というのも、一つには、トマスがこの表現をとる時は、アンティオキアの聖歌隊指揮者が彼の質問の中で申し述べたとおりにムスリムの立場を報告している場合だからである。二つ目には、トマスの場合、他の著作でも見出されるこうした言及は、徹底的にキリスト教信仰の弁明に役立てられるものだからである。トマスによると、この信仰は、理性に先立って根拠づけられ、弁明されるべきであり、またそうでなければならないのだから、彼は異なる信仰を持つ人々に嘲笑のきっかけを与えることはできないのである。彼はこうした護教論的関心によって支配されているのである。

新約聖書で求められている信仰の弁明に関する限り、トマスは、それがその時々の対話の相手に適応してなされること、すなわち、それぞれの相手が有する固有の理解の地平を顧慮しなければならないことに、いささかの疑いも差し挟むことはない——これは宣教の神学にとっては不可欠な解釈学的原理であるにもかかわらず、宣教の実践の中で、長い道程の間ずっとおろそかにされてきたものである。

彼より以前の世代および以後の世代の人々とは異なり、トマス・アクィナスは、ムスリムを（キリスト教の）異端ないし背教者と見なすことなく、彼らを〈不信仰者〉（infideles）と呼んでいる。このことから、「イスラームが単なる異教徒として、つまりキリスト教に対立する固有の宗教として認識された[20]」ということまで推測しようとすることは、行き過ぎのように思われる。というのも、彼の方法論的熟慮と彼の論証の全体的な運びから分かるとおり、トマスはこのようにムスリムを特徴づけることで、彼らの主張する信仰的な確信が、トマスにとっては聖書的伝統から導き出されるものでもなく、また何らかの点でそれと内的な親近性があるのでもない、ということを明らかにしようとしているからである。もちろん、これによってトマスは、聖書の神学とコーランの神学との間のさまざまな共通性、依存関係、相互関係を誤解したのであるが、これらについては、むしろ中世の他の著作家たちの方が十分に自覚しており、イスラームとの論争に臨むとき、彼らにとって解釈学的な結合点として役立ったものなのである。キリスト教徒とムスリムの対決のための唯一の論争基盤としてトマスが主張した厳密な理性的論証は、このような対決の広大な領域を不必要に認識論的な問題に還元してしまい、その結果、手元にある多彩な神学的一致点を取り込むことはなかった。何よりもここにトマスがとった道の弱点が明らかとなる。彼のキリスト教の弁明はキリスト教の思考パターンが得意とする経路を超え出ているものではない。ここでもまた、トマスの記したほとんどすべてのことが、「彼の職業上の教授活動から直接的あるいは間接的に生じた成果であること」[21]、したがって、スコラ神学であることが判明する。本書の断定的な信仰の弁明も、この立場から展開し構想されており、それによって彼はムスリムの同意を得られると期待したのである。

キリスト教徒とムスリムとの共通の出発基盤に関する彼の問いは、彼が教えていた当時のパリの知的状況から理解される。この地における中世の知的闘争の舞台で、彼は、自分の教授活動と並んで、非キリスト教的なアラブ－イスラームの哲学およびそれらのアリストテレス解釈との対決にも巻き込まれていたのである。トマス以前の時代が〈理性〉(ratio) の権限を立証しなければならなかったとしたら、彼の特徴は、『神学大全』と同様に『対異教徒大全』の導入部分でも明らかなように、理性の自然本性的な光と並んで啓示の超自然的な光も存在することを証明することが必要であると、彼がみなしていたことである。後者は、彼にとって、聖書の言葉に最終的に表れていた。イスラームの主張する、決定的に有効かつ最終的な啓示宗教であるという自己理解は、トマスの場合、まったく問題にならない。初期の反イスラーム的論争および護教論と一致して、彼の確信するところは、イスラームの創唱者ムハンマドは自分の告知が真理であるという証拠を提出しなかったし、たとえそれがあったとしても、月並みな才能の持主なら誰でも容易に論破することができるようなたぐいのものである（『対異教徒大全』I・六参照）ということであった。こうした評価によって、トマス・アクィナスは、神の最終的かつ拘束力を持つ啓示として唯一の真の宗教であると申し立てる（コーラン三章一九節）イスラームの自己理解と主張には、決して応じない。イスラームと同様に、トマスにとっても、真理とは分割不可能なものである以上、二重の真理はありえないのである。しかし、この真理がどこに見出されるのか、聖書の言葉かコーランの言葉かというところで、意見は分かれる。この決定的な問いにおいて、トマス・アクィナスはイスラームの立場を度外視し、その論証においてはキリスト教の立場の擁護に満足する。ひとり語りをするのである。彼独自の神学の流れに巻き込まれ、本来到達しようとした岸辺に辿り着くことはない。それゆえ、キリスト教信仰をムスリムのために翻訳するという意図が達成されることもないだろう。彼の弁明は〈内に対する弁明〉(apologia ad intra) ではあっても、〈外に対する弁明〉(apologia ad extra) ではないのである。

三　モンテ・クルチスのリコルドゥス　コーラン論駁

トマス・アクィナスが、ムスリムのもとで生活する修道会の同僚のために、根本的な宣教理論の刺激と哲学的－神学的な論証の手助けを提供しようと試みたのに対して、ここにドミニコ会士モンテ・クルチスのリコルドゥスという一人の人物が登場する。彼は、東方滞在とそこでの彼の活動に基づき、いわば独力でアラビア語を習得し、同じように独学でしかるべきイスラームの知識を身につけた人物である。オリエントでの経験――喜びと苦しみに満ちた――ムスリムとの交際、彼らとともにした、また彼らの下での生活がこの人物を特徴づけた。これらがすべて、われわれに残された彼の著作に注ぎ込んでいるのである。フィレンツェ出身の彼は、自分の修道会が東方の言語のために創設した学校に通ったことはない。彼のもたらしたものこそは彼が東方で経験したことであり、それらが彼の諸著作で話題になっている。むろん、このことは、彼もまた西欧の広範囲な反イスラームの伝統に由来する源泉から汲み取ったということを排除するものではない。

〈スペイン〉においては、そこで生活したドミニコ会士たちが証言するように、〈東方〉とは状況が異なっている。そのうちの一人がドミニコ会士ペニャフォルテのライムンドゥスであり、以下で手短に彼に立ち入ることにしたいが（付論一）、それによってドミニコ会の「宣教の伝統」の異なる方向づけを特徴づけることができよう。次いで、トリポリのグイレルムス（付論二）とライムンドゥス・マルティ（付論三）について述べ、その上でモンテ・クルチスのリコルドゥスに戻ることにする。

付論一　ドミニコ会士ペニャフォルテのライムンドゥス

カタルーニャの教会法学者ペニャフォルテのライムンドゥス（一一七五／八〇－一二七五年）は、スペインのユダヤ人とムスリムへの〈宣教〉のために尽くした。彼の修道会の初期の重要な人物の一人であり、また一二三八年から一二四〇年まで修道会総会長でもあった。彼は、一二二二年、ペトルス・ノラスクス（一二五六年歿）と共同で、バルセロナにメルセス会、別名ノラスク会を創設したが、それはキリスト教徒の奴隷をムスリムの捕囚から解放するためであった。一二四二年三月一二日に出されたアラゴン王の布告は、約三年後の一二四五年八月一二日にインノケンティウス四世の同意を得ることになったが、これはライムンドゥスの示唆に起因するかもしれない。その布告の中では、ユダヤ人とムスリムは公的な改宗説教に参加することが義務づけられているからである。こうした改宗計画の意義と目的については、ライムンドゥス・ペニャフォルテがおそらく総会長ヨアンネス・トイトニクス（一二四五年歿）の要請に基づいて行なったと思われる説明が明らかにしている。この課題の必要性を強調するために、ライムンドゥスは、とりわけムスリム諸侯に仕えるキリスト教徒の兵士と奴隷のことを指摘する。また、キリスト教の背教者を再獲得する可能性も考慮に入れる。そして最後に、彼はムスリムのもとでの一定の宣教の成果に注意を喚起する。われわれとして考えさせられるのは、この最後の点だけではない。ムスリムとのコミュニケーションの可能性がほとんど考慮されていないという事実、まして、イスラームの信仰に取り組み、それと対決することが問題になっていないという事実には、考えさせられるものがある。N・ダニエルは「ムスリムとの何らかのコミュニケーションがこのリストに入る可能性がどれほど低かったか、たとえそうであったとしても、彼らが改宗するという希望がどれほど小さかったかは、明らかである。それは実際には、キリスト教の軍隊が勝利した場所でのみ期待されたことだろう」[22]と述べている。ライムンドゥスの意義は、何よりも彼の発案による外国語学校にある。

トマス・アクィナスが一二六一／六四年に彼の『対異教徒大全』を執筆したのは、おそらくライムンドゥス・ペニャフォルテの要請によるものと思われる。

付論二　トリポリのグイレルムス　十字軍国家で活躍した外交官

一三世紀にエルサレム王国のアッコンの修道院で生活したドミニコ会士トリポリのグイレルムス（一二二〇頃–七三年頃）の名で、二冊のラテン語著作が伝えられている。すなわち、『ムハンマドに関する知識』（Notitia de Machometo）と『サラセン事情』（De statu Sarracenorum）[23]である。トリポリのグイレルムスがムスリムのもとで宣教師として名を成した、という従来の宣教文学において支配的だった見解は、E・エンゲルスが委曲を尽くした研究をもって論破された[24]。要は、われわれが上述したこと、つまり、ムスリムのもとでのキリスト教の宣教活動は、例外を除いて、結局は無駄だったことが明らかになったということである[25]。それゆえ、「ムスリム国家での宣教活動が誘導したのは、地上をムスリム改宗者で満たすことよりも、むしろ天国をキリスト教殉教者で満たすことであった」とB・Z・ヴェダーが述べていることには同意できよう[26]。

トリポリのグイレルムスがムスリムのもとで名を成し成功を収めた宣教師だった、というこれまでの評価の出発点は、『サラセン事情』の最後の章で主張されている光景である。すなわち、「学識を動員した討論や武力に頼らず、神に関する単純素朴な説教によって」ムスリムたちは「純朴な羊のように」洗礼を受けようとし、「神の群れ」に入った、という光景である。さらに、「このことを語り、記したのは、神の名においてすでに千回以上も洗礼を施した人物である」[27]とある。挙げられている数についてはこれまでも誇張と見なされてはいたが、他方で、この言及に基づいて、トリポリのグイレルムスが卓越したムスリム宣教師であったことは間違いないとされていた。これは――実はこの書が彼自身によって執筆されたのではないということを不問に付したとしても[28]――彼の生涯と活動に関する、われわれの知る唯一確実な指摘と矛盾している。それは、教皇ウルバヌス四世によって一二六四年に発布された三つの教書である[29]。そこにおいて「われわれの出会うトリポリのグイレルムスは、マムルーク朝の間断のない脅威に対して十字軍統治の強化に尽くし、十字軍国家のために活動する大使」とされているのである[30]。P・エンゲルスによると、聖地においてこの大使は「ムスリムに対して戦闘的で拒絶的な態度を取る[31]」人物として『ムハンマドに関する知識』という書物にも見出される。これに対して、エンゲルスの見解によると、『サラセン事情』には、「エルサレム王国の日々の諸問題とキリスト教的支配の困難な状況に直面したことのある執筆者であるとは、とうてい想像できないような[32]」現実と無縁の立場が見えてくるのである。このことは、グイレルムスが経験豊富な同時代人として政治的諸関係の証人であったのみならず、この周辺の地域、おそらくシリアのトリポリの出身であるだけに、なおさら不可解である。

これらの書物においては何が問題になっているのか。

『ムハンマドに関する知識』の完全な表題は、『ムハンマドとその法典コーラン、その内容および彼がわれわれの主イエス・キリストに関して語った事柄についての覚え書き』[33]であるが、冒頭でも本書の意図が述べられている。この著者は次の三点を明示したいとする。すなわち、「第一に、ムハンマドとは何者か、彼の民サラセン人と彼の誤った信仰は何に由来し、それがどのようにしてかくも急速かつ強力に広がったのかということ。第二に、アラビア語でアル・クルアーン（al-Qur'an）ともフルカーン（Furqan）とも呼ばれるムハンマドの法典が、どのように成立したのか、また誰が起草もしくは編纂したのか。最後、第三に、この書物はいかなる教説を含んでいるか、またキリスト教信仰のどの要素とこの書物が関係しているのか」[34]ということである。このような目標設定は、『サラセン事情』、すなわち、完全な表題が『サラセン人および彼らの偽預言者ムハンマドについて、その民自身と法について』[35]という書物にも同様に見出される。この著者も次の三点を説明したいとする。すなわち「第一に、上述の民（サラセン人）の先導者、指導者、偽預言者であるムハンマドとは誰か、出身はどこで、いつこのような高い地位に上ったのか。第二に、どのようにして上述の民は、かくも強力かつ強権的に増大し広がったのか。第三に、彼らの法、つまりコーランという書物が、またキリスト教信仰のどの要素がそこに含まれているかということが問題となる」[36]。『ムハンマドに関する知識』の場合、明らかに啓蒙書であり、序文で指名されているリェージュの助祭長テオバルドゥス、つまり後の教皇グレゴリウス十世（在位一二七一―七六年）に、ムスリムの歴史と宗教に関する情報を提供するためのものであった。この締め括りには、キリスト教の神学者と法学者がイスラームの「ぞっとするような誤った教え」に対して防戦するように、との要請がなされている。すなわち、「彼らがすべきことは、〔多分、論争の〕矢を研ぎ澄まして射放ち、（サラセン人の）これ（誤った教え）をくじき、不幸な魂を悪魔の罠から奪い取り、キリストの網の中に捕え、最終的には、考えられるあらゆる方法を用いて魂の救いの港にそれらを連れて来ることである」[37]。

両著作を内容的に比較すると、それらの相互的な依存関係が認められる。だが、それらの著者のイスラームに対する態度に関して言うと、確かに、イスラームの教説、法、規定された儀式――例えば金曜日の祈り――について非常に熟知していることは明らかではあるが、イスラームに関する評価は結果として相違している。『サラセン事情』は、好意的で、和解の精神をもった著作である。本書は、ムスリムを改宗させることができるという明確な信念をもちつつ、イスラームがキリスト教に近いことを確証しようと努め、二つの宗教の共通性を強調する。特に、イスラームの寿命もそれほど長くはなさそうであり、そうでなくともムスリムは久しく彼ら自身の信仰に不満を抱いているのであれば、彼らにキリスト教を受け入れさせることができるという目標のもとに、三位一体と受肉のようなキリスト教の信仰の玄義を、彼らのために披瀝することすらも考慮されるのである。[38] これに対して、『ムハンマドに関する知識』は極めて論争的－護教論的であり、コーランの原作者が神であること、ムハンマドが預言者であること、三位一体論の拒絶など、ムスリムの信仰理解を論証的に反駁することを試みており、それゆえ、キリスト教とイスラームの共通点を強調するよりも、むしろ両者の境界をはっきり定めようとしているのである。

著作家たちの中には、トリポリのグイレルムスに「宣教的な平和主義者」を見ようとしたり、[39] もしくは、彼を「最良の意味で考えられた宣教－平和主義」の代表者に仕立てた者もいたが、[40] P・エンゲルスによると、このことは十字軍国家の任務に携わった使節の人物像には、おそらくほとんど合致することはないのである。

付論三　ライムンドゥス・マルティ

一二五〇年、ライムンドゥス・マルティ（一二二〇頃－八四年）は他の七人の修道会士とともに、トレドにおける彼の修道会の管区総会によって、ペニャフォルテのライムンドゥスがチュニスに創設した外国語学校のアラビア語学院（Studium Arabicum）での任務を与えられた。[41] その徹底した語学知識のゆえに――アラビア語、ヘブライ語、シリア語――彼はユダヤ教とイスラームの原典と伝統にじかに取り組むことができた。一二五七年に完成された彼の『使徒信条講解』(Explanatio Symboli Apostolorum)――一二箇条の信仰告白の解説――は、ユダヤ教とイスラームの影響が支配的だったスペインの諸地域で活動する修道会士たちにとって司牧的な指導要領と考えられた。一二六七年、ライムンドゥス・マルティは二部から成る著作『ユダヤ人の手綱』(Capistrum Iudaeorum)[42]を完成するが、これも、数多くのユダヤ人コロニーが存在したカタルーニャ-アラゴン地域で生活する修道会士のために書かれたものであった。[43]彼の主著『ムーア人とユダヤ人に対する信仰の短刀』(Pugio fidei adversus Mauros et Iudaeos)は、一二七八年に上梓され、最後は、一六八七年ライプツィヒでJ・B・カルプゾフによって出版された。戦闘的な響きをもつ表題の背後に隠れているのは、この著者が生きた具体的な時代史の状況から出発して、環境に条件づけられた形でキリスト教信仰を防御しているということである。この三部構成の書物に注ぎ込まれたおびただしい文献資料は、ライムンドゥスが博学な人物であることを証ししている。つまり、その語学的知識のゆえに、彼は、西欧の哲学的-神学的伝統にもユダヤ人とムスリムの文献にも精通していたのである。

以上簡単に素描された、西方と東方におけるドミニコ会の宣教の伝統の中に立っているのが[44]――さらに多くの名前が言及されるべきだとしても――フィレンツェ出身のモンテ・クルチスのリコルドゥス(一二四三-一三二〇年)[45]である。彼の『巡礼者の書』(Liber Peregrinatoris)の序文において、われわれは、彼が該博な知識を身につけるために、長く労苦に満ちた旅行を企てたという記事を見出す。彼は、スペイン、パレスティナ、アルメニア、二つの川に挟まれた土地（メソポタミア）を遍歴し、長期間バグダッドで生活した。[46] その地で彼はイスラームを研究し、イスラームの歴史に習熟した。リコルドゥスは、彼の著作で度々自分の宣教活動について報告している。彼の『東方の民族に与える書』（Libellum ad Nationes Orientales）の中で彼は、ムスリムと異端のキリスト教徒に対する宣教師のふるまいに関する方針を定めている。

リコルドゥスは、ムスリムの学者との個人的な友好関係と接触に喜びを感じている。キリスト教への改宗もあったかもしれないが、それについては何も報告していない。逆に、リコルドゥスは、政治的諸関係については、明らかに現実的な判断を下していた。

一二九一年五月一八日のアッコン占領とそれにともなうその地のドミニコ会修道院の消滅は、[47] これをきっかけに彼が記した悲しみの書簡から読み取ることができるように、彼に深い衝撃を与えた。ムスリムと共に、またその下でなされた彼の研究と経験の成果としてわれわれの手元にあるのが、彼の『サラセン人の法に対する駁論』（Contra legem Sarracenorum）である。[48]

（a）『サラセン人の法に対する駁論』

リコルドゥスは彼の著作を十七章に分ける。彼は自分の仕事の意図を序文で以下のように提示する。

彼は、イスラームの主要な誤りを反駁し、それによって同僚の修道士に、ムスリムを真の神への信仰に導くための機会を与えようとするのである(49)。

そのため、本書は、それ自身の言うところでは、ムスリムではなく、彼自身の同僚の修道士を対象としており、彼らにイスラーム信仰の教説に対抗する論証の手助けを提供するためのものである。それに相応して、リコルドゥスが取り上げるテーマも、反イスラームの論争と護教論では周知のことであり、後にも繰り返し取り上げられることになったものである。そこで中心となる問いは、真の「神の法」は二つのうちどちらか、コーランか聖書かということである。この問いは著作全体を一貫して流れている。実際のところ、リコルドゥスはすでに第一章で、コーランがとうの昔に論駁されたキリスト教異端の寄せ集め、起源を異にするさまざまな教説の混ぜ合わせであることを証明しようと試みることにより、回答を先取りして与えているのである。

リコルドゥスにとって、キリスト教の玄義である三位一体と受肉は、キリスト教とイスラームの論争という文脈では最も重要な問題である。しかし、この二つは人間の理性を超えており、われわれは――このようにリコルドゥスはトマス・アクィナスと一致する――それを証明するために理性的諸根拠を持ち出すことができず、もっぱら信仰の諸根拠によるのみであるから、残されているのは、コーランも言及する福音書の使信の権威、聖書で証言された奇跡に訴えることだけである――こう彼は考える。

イスラームにはこの二つ、つまり、聖書の権威も教えの正しさを確証する奇跡（Beglaubigung-swundern）も欠如しているのである。それゆえ、リコルドゥスは、彼のこのテーゼを確証するためにコーランの中にあるヒントを探索する。それが自分にはできるだろうということを、彼は信じて疑わない。

教えの正しさを確証する奇跡の欠如

したがって、リコルドゥスは独自の論証によって、彼の言う打撃をコーランに与えようとする。コーランの真正性に対する重要な反証は、教えの正しさを確証する奇跡がそれに欠如していることである。コーランの見解では、確かにムハンマドは、イエスと対照的に、いかなる奇跡も起こさなかった。一見したところでは、このことは正しいかもしれないが、しかし、注意を払わねばならないことは、コーランそれ自体が、模倣できない無比のものであることを主張することにより、自らを一つの持続的に表示する徴として、いわば永続的な奇跡として理解しているということであり、それがムハンマドの正当性と権威を証明しているということである。

コーランの不合理性

リコルドゥスは、教えの正しさを確証する奇跡が欠如している点にコーランの真正性に対する反証を見出すだけでなく、彼の見解では、コーランに内在する多くの矛盾とつじつまが合わないとされる箇所にも反証を見出す。それらがコーランの不合理性を証明していたからである。

それらは、主として次の四点に現われている。

(1) その著者ムハンマド、そして特に彼の不道徳的な素行に基づく点[50]——これは、反イスラムの論争においてくりかえし現われる非難である。

(2) コーランそれ自体、つまり、コーランが同語反復的な言明を含んでいる点で、無内容であること。のみならず、そこには淫らな表現も見出される。[51]

(3) ムスリムの信仰的実践、例えば、毎日の祈りの前に儀式的洗浄を行なうこと[52]、さらに彼らの結婚理解、離婚の慣習。[53]

(4) コーランの楽園観、これは、イスラームに対抗するキリスト教著作家が以前から攻撃していた側面であった。[54]

これらに加えて、リコルドゥスは第九章において——彼の考えでは——明らかな、つまり誰でも分かるコーランの間違いの一覧表を作る。その中には、ムハンマドが「預言者たちの封印」(コーラン三三章四〇節)つまり、預言者たちの歴史の最終点にして最高点であると自負していること、さらに、コーランが、ユダヤ人とキリスト教徒は神に他の神々を付け加えていると非難していること[55]、同じくコーランが、イエスが神の子であることおよび彼の十字架の死を否認していることなどがある。[56]

聖書とコーランの比較

リコルドゥスはその論述の最後で、福音書の使信がコーランに優っている点を提示する。[57] ムスリムの聖なる書物は「死の法」[58]とされる一方で、福音書の使信がそれ以前のすべての書物の完成であり成就であると、リコルドゥスは賞賛し、それが世界中にあまねく広がっていることに注意を向けさせ、それが理性と一致すること、また哲学的な諸伝統と一致することを主張する。[59] それゆえ、彼は福音書だけが神の法であるという結論に達するのである。[60]

(b)　結論　論争的–護教的著作

『サラセン人の法に対する駁論』によって、リコルドゥスは、後世に一冊の論争的–護教的書物を残した。その種のものとしてはあまり独創的でもなく、このジャンルで他に残されているものと比べて精彩を放つこともほとんどない。その目的は、キリスト教信仰とキリスト教神学を前提にして、コーランの諸見解を論破し、福音書の使信と比べてそれが劣っていることを暴露することである。東方で得た彼の経験とも結びつけられた彼自身の確信と神学に照らし、リコルドゥスはコーランに近づくが、それによって——彼が信じるところでは——コーランの弱点を暴くことができ、それゆえ、彼にとって自明の、福音の使信の優越性をなおのこと輝きださせるためであった。この方法は批判的な現象学とはまったく関係ない。リコルドゥスもそれをまったく問題にはしていない。むしろ、彼の方法は以下のようなものであった。すなわち、コーランそのものに基づいて、聖書の使信の真正性の論証を探し出し、自分の同僚の修道士を援助するということである。そのために彼はキリスト教信仰の弁明を仕上げようと試みたのだが、それはコーランの諸見解から出発しつつも、コーランの見解は根拠が無いということをアプリオリに判定し、それを前提としているものである。リコルドゥスにとって真理の発見の唯一の試金石は、彼自身の信仰であり、これが彼にとってコーラン理解の尺度であり規準である。だがこれだけで事足りるとしてはならない。そればかりか、リコルドゥスは、彼の著作『サラセン人の法に対する駁論』によって、ラテン中世のキリスト教著作家の反イスラーム論争の長い列に、切れ目を入れることなく連なるのである。東方の政治的諸関係と彼のそこでの諸体験が、その論争的—護教的著作『サラセン人の法に対する駁論』に表れていることは疑いの余地がない。それが西欧で普及したことは、次の世代のイスラーム理解を刻印づけた——だが、やがて明らかになるように、必ずしも最善の形ではなかった(61)。

四　ライムンドゥス・ルルス　論争のための対話(62)

B・アルターナーにとって、ライムンドゥス・ルルスは、実践的な観点からしても理論的な観点からしても、中世における最も偉大なムスリムのための宣教師であった(63)。その膨大な著作も、彼の多様な宣教的努力を証ししている。[64] 一二三二／三三年にパルマ・デ・マリョルカで生まれたライムンドゥスは、宗教的環境の中で育ったが、この環境を決定していたのは、ユダヤ教、キリスト教、イスラームという三つの要素である。というのも、マリョルカ島は一二三〇／三一年にアラゴン王ハイメ一世によって征服され、ユダヤ教徒、キリスト教徒、ムスリムが、キリスト教徒の支配の下にそれぞれに固有の習慣の中で共存していたからである。W・A・オイラーは、「一三世紀のスペインとマリョルカには、地中海地域において三つの偉大な一神教の間の集中的な交流が行なわれた稀有な時代があった」と断言できると考えているが、ルルスの生きた時代がそれである。[65] 彼にとって実際そうであったとするなら、このことは当然、彼の生涯と活動を決定的に特徴づけたはずであろう。だが、彼の人生行路を決定したのは、ユダヤ人とムスリムへの〈宣教〉と〈キリスト教への彼らの改宗〉という思想であった。この点において、ルルスは、とりわけ彼がその総会と関係をもったフランシスコ会とドミニコ会の宣教の伝統のなかに立っているのである。

（a）一性への憧れ

「われわれは、どれほど数が多くとも、みな一人の主なる神を有している……それゆえ、われわれもまた唯一の信仰と唯一の宗教、すなわち、聖なるキリスト教信仰を共有すべきである」。[66] このような信念を前提にしながら、ルルスは何よりも、三つの偉大な一神教の間での対話の可能性を追求する。

ここでは、イスラームに対する彼の姿勢に限って扱うことにする。(67)

他の中世人にとってもそうであったように、ライムンドゥス・ルルスにとっても、人類の分裂は、すべての人間を根本的に結びつけるかの一性の理念を追求するための重要な刺激である。この追求は、人間全体の間での、彼らの宗教の間での、そして諸民族の間での「一体性と平和」(Unitas et Pax)を獲得しようとする実存的な格闘と並んで、知的努力をも含んでいる。それは、創造者である神に起源をもつ、すべての人間のあの原初的一体性を回復することへの心底からの憧れである。ルルスにとって、それは——宗教の神学という方向に転換され——「一つの法における協和」(concordia in una lege)(68)であり、それが一体性を樹立するのである。

こうした一体性への努力の背後にあるのは、新プラトン主義–アウグスティヌスに起源をもつ秩序の原理と秩序の思想に見出されるような、あの中世的な一性の理念である。すなわち、現実世界の本質的特徴としての目の前にある秩序を前提としながら、秩序を与える起源として創造者が推論され、この世界の一体性がその創造者の一性の模像と見なされるのである。神は一者であるから、推定された秩序の構造に基づいて、一つの世界、一なる人類のみが存在しうるのである。

この一体論的な原理は、似たような仕方でイスラームの思考にも同じく根を下ろしている。すなわち、神が一者であるから、ムハンマドを通して人間社会の形成のために啓示された神の意志も一なるものである。この一性(tawhid)の理念はムスリムの思考において高い優位性を占めているので、単に神の一性と唯一性についての純粋に神学的な問いに限られることなく、社会的、政治的構想にも表れており、事実、コーランの理解では、人間は本来「一族」であり（コーラン二章二一三節、一〇章一九節参照）、唯一の神への彼らの共通の信仰と神の法への彼らの共通の服従において、一つに結ばれていたのである。

もしかすると、このような人類の原初的一体性とその宗教のいにしえの一体性に関するコーラン的なイメージは、上述の秩序の思考に加えて、ルルスの一性への欲求に影響を与えていたかもしれない。

(b)　キリスト教徒とムスリムの「対話のための解釈学」——基盤としての理性

ライムンドゥス・ルルスにとって、キリスト教の中心的な信仰の教説——三位一体と受肉——を論証的に展開し、しかも、それを存在と世界の包括的な理解の根拠として形而上学的－思弁的に展開するという彼の無条件の意志は、キリスト教－イスラームの討論において根本的な意義をもっている。このためにルルスは繰り返し〈理性〉に訴える。「信じない者が気にかけるのは、信仰者の主張ではなく、もっぱら理性的諸根拠である」(69)と彼は述べる。こうして、彼は、非キリスト者との対話においてそれを支える基礎となる、かの根本的原則について論じる。すなわち、共通点を見出すことができるかもしれない信仰の諸々の伝統ではなく、キリスト教徒とムスリムの双方によって受け容れられた理性的原理のみという原則である。それゆえ、両者の側にとって根本的な「対話の解釈学」は、双方で承認された共通の基盤に立ち戻ることによってのみ見出されるのである。こうして、ルルスが、コーランを熟知していたにもかかわらず——彼はムーア人奴隷の手助けでアラビア語を習得していた——概して、聖書とコーランを引合いに出すことを断念するわけも明らかになる。この自覚的な抑制の根拠は、彼の次のような断固とした確信にある。「権威、つまり、ある宗教の信者にとってのみ価値と妥当性をもつ証言を引合いに出すことは……非キリスト教徒との議論の出発点とはなりえず、そうではなく、考える人間であればすべてが関わる法廷……すなわち理性に訴えられねばならないのである」[70]。

そしてルルスは理性に基づくことで、キリスト教信仰の真理のための優れた論証を手中にできると信じたが、これこそ、彼が最も多用する表現では[71]、〈必然的な理性的諸根拠〉(rationes necessariae)であり、これならば対話の相手のムスリムにも承認され尊重されるに違いないというのが彼の確信である。

(c) 平和的な対話から戦闘的な論争へ

ライムンドゥス・ルルスの場合は、思想家である前に宣教師である、とE・コロマーは述べている[72]。すなわち彼は、非キリスト教徒への宣教という目的を、理性という手段で達成しようとするからである。つまり、理性のもつ役割は仕えることである。彼は、その「術」(Ars)に、自分が絶えず獲得しようと努めていたこと、つまり、非キリスト教的信仰の申し立てに対する、できる限り優れた、もはやそれに優るものがありえないほどの反駁が実現されたと見なしている。このルルスの「術」そのものも最終的な完成に至るまでには発展段階を経たように――彼はこのために三十年以上も費やした――異なる信仰を持つ者に対するルルスの姿勢にも発展段階がある。最初の頃の平和的な対話は、最終的には戦闘的な論争に変化し、具体的な十字軍戦略と結びつけられたのである。そのため、人は、A・リナーレとともに、ルルスの生涯に対話の時期と論争の時期という二つの段階を区別することができよう(73)。しかし、死を免れようとするだけでもやっとのことであった、彼の第一回のチュニスへの宣教旅行の日付を、彼の生涯の転換点と見なすことができるかどうかは、疑問視されてもよい。というのも、すでに一二九二年――つまり、一二九三年のチュニスへの旅行以前に――ルルスは教皇ニコラウス四世に陳情し、その中で初めて彼は、非キリスト教徒のキリスト教への改宗を明確な目標とする彼の宣教活動を、〈聖地〉を再征服するための十字軍計画と結びつけていたからである。この引き金となったのは、一二九一年五月一八日のアッコン陥落かもしれない。というのも、アッコンを失ったこと、それとともにパレスティナにおけるキリスト教の最後の拠点が陥落したことは、キリスト教界を震撼させたからである。その一年後ルルスが、聖地を失ったゆえにすべての人が胸に抱いたという悲嘆について述べるとき、彼はこのことを指しているのである。この深刻な事件が彼に一考を促したことは明らかであり、どのようにイスラームに対処するかということに関する彼の戦略的な勘案を真剣に再検討させることになった。彼が平和的な対話から戦闘的な論争へ、さらに十字軍計画にまで方向転換していったことが、このような再解釈のプロセスから説明がつくのである。

(d) 信仰の強制と信仰の自由の間に

非キリスト者に対するルルスの姿勢は、B・アルターナーの表現を使うならば、信仰の強制と信仰の自由との間で揺れ動いていた[74]。一二九二年から彼の思考は、次第に十字軍の理念を中心にしてめぐるようになっていった。「ライムンドゥスは、聖地の再征服という想念に取り憑かれていたように思われる。それゆえに彼は、偉大な使命のためにキリスト教界を動員しようとする絶望的な試みのなかで、矢継ぎ早に覚え書、嘆願、十字軍計画を執筆する[75]」。かつて彼は全力を挙げて宣教の理念に打ち込み、それをヨーロッパに拡大するための諸条件を作りだそうと試みたのだが――例えば、一二七六年、ルルスは教皇の認可とハイメ二世の支援でマリョルカ島のミラマルに宣教修道院を設立し、開校当時はそこで一三人のフランシスコ会士がアラビア語を学んだ――後になると次第に、ムスリムおよび他の非キリスト者に対する軍事的行動という考えが前面に押し出されてくるようになった。確かに、これ以後もイスラームに対する彼の戦略的構想の構成要素に宣教の理念は残存してはいるけれども、十字軍という考えがそれと併存したのである。つまり、彼にとって、宣教と十字軍、説教と戦争が、キリスト教信仰を広めるための手段、もしくはそのための諸条件を作り出す確実な手段と見なされたのである。ヨーロッパ内外での彼の度重なる失敗が、歳を重ねるにしたがって、暴力行使の試みに抗う力を彼から奪っていった。キリスト教信仰と支配圏を拡大するために権力と武力を行使する気運が盛り上がっていく世界の中にあって、ライムンドゥス・ルルスもまたこの時代精神から逃れることはできなかったのである。

一三一五年一二月から一三一六年三月の間に、テュニスからマリョルカへの帰途、ルルスは落命した。一三一一年、彼は自分の人生と活動を次のように回想風に記した。「私は結婚し、子供ももうけた。財産にも恵まれ、生活を享受していた。私は、神の栄光と公益のために仕え、信仰を高揚させようと、喜んですべてを放棄した。私はアラビア語を習得し、ムスリムに（福音を）説教するために幾度となく出かけた。そして私の信仰のために捕らえられ、投獄され、むち打たれた。私は四五年のあいだ、教会とキリスト教徒の支配者が公益のために仕えるよう、彼らを促すことに労苦した。今、私は年を取り、その上貧しい。だが、私の切なる願いは変わることなく、神がそう望んでおられるならば、死ぬまで私はそこに留まるつもりである」[76]。

VI　クザーヌスとルターにおけるコーランの理解と批判

一　クザーヌス『コーランの精査』

枢機卿ニコラウス・クザーヌスは、一四六〇／六一年に著した三部構成の書物を Cribratio Alkorani すなわち『コーランの精査』と命名し[1]、イスラームとの神学的対決に力を尽くした[2]。

枢機卿の晩年の著作に数えられるこの作品は、内容的にみると、コンスタンティノープル陥落（一四五三年）の直後に彼が著した『信仰の平和』(De pace fidei)[3]と近い。神における位格の三一性、救い主にして救済の仲保者であるイエス・キリストにおける神の子と人間との位格的結合、さらに終末論的な天国についての理解の仕方という、すでに『信仰の平和』執筆に際して扱われた主題が、この『コーランの精査』でも再び登場している。しかしながらこの書物では、これらの主題は――それらだけではないが――はるかに深く論じられており、コーランもくりかえし引用されてキリスト教の立場と対照されている。その際にニコラウスは、ムスリムがキリスト教の信仰に向かう道筋を平坦にするための結合点としてふさわしいと思われる可能性を、絶えずコーランのなかに新たに見出そうと努めて倦むことがない。

（a）　護教的著作としての『コーランの精査』

この『コーランの精査』によってニコラウス・クザーヌスは、キリスト教とイスラームの対決の長い伝統のなかに立っている。この伝統を考慮してはじめて、この著作の価値が明らかになるのであるが、これの独自性と創造性はその意図と方法にある。

すでにこの『コーランの精査』という表題に、クザーヌス独自の意図が現われている。彼はコーランを「精査し篩《ふるい》にかける」ことを意図しており、それもコーランに含まれる聖書的内容に照らしてである。すなわち、篩のイメージにこだわるならば、小麦からもみがらを選り分けることを意図しているのである。それゆえにニコラウスは、コーラン（彼にとってこれは、ユダヤ的で異端的キリスト教に起源をもつという、まったく異質な諸要素からなる混合物である）を分析し、聖書の内容に照らしながらいちいちを調べることに全力を尽くしている。それればかりではない。ニコラウスがイスラームとの神学上の対決において本来意図しており、彼にとって重要であったことは、すでにセコビアのフアンに宛てた一四五四年一二月の書簡に表現されていた。「われわれは、彼らムスリムの間で権威を有しているあの書物を、われわれにとっても意味あるものとすることに絶えず努めねばなりません。

なぜならばわれわれは、その中にわれわれにとって役立つ箇所を見出すのであり、また、われわれの立場と矛盾する他の箇所は、前者〔役立つ箇所〕を用いて説明できるからです」(4)。これが彼の意図であり、彼のコーラン解釈の主要動機である。すなわち福音に依拠してのコーラン解釈。このような前提のもとで、クザーヌスの『コーランの精査』は、もっとも広い意味でのキリスト教信仰の防衛とみなされうるのである。

このような公式目的、すなわち聖書の内容に照らしてのコーランの精査、さらには、福音に依拠しての解釈にとって、クザーヌスの用いている方法はふさわしいものである。ここでニコラウスに典型的で特徴的であるのは、以下の三つの要素であるが、それらは、この『コーランの精査』がラテン語の反イスラーム文献のなかに占める独自の立場を強調するものである。

誠実な解釈（pia interpretatio）

これによって意味されていることは、G・ヘルシャーが言うような(5)、コーランの「良心的な解釈」ではない。また、P・ナウマンにならって、これはクザーヌスが導こうと考えていたコーランの「正しい理解」のことであると言うこともできない(6)。このモティーフにおいては、むしろ、クザーヌスにとっては親しみがなく、わけが分からず、道徳的に反発が先立ち、いまわしいとさえ思われるようなコーランの叙述に対して、彼自身がとる平和的な態度が表現されているのである。従って「誠実な解釈」の意味するものは、キリスト教の視点からする好意的で柔和で寛大なコーラン解釈に他ならない。

手引き（manuductio）

「手引き」という方法は、クザーヌス神学の主導的モティーフに属している。『コーランの精査』においては、このモティーフによって方法論的な取り扱いの具体的方法が適切に表現されている。ニコラウスは、ムスリムとの信仰に関わる対話において彼らをキリスト教信仰の理解に導くために、いわば手引きしてやるつもりでいる。クザーヌスは、ムスリムに対してキリスト教の三位一体の神観念を説き明かし、それへの入口を彼らに用意してやろうとするのだが、そのための自身の多様な試みが、「三位一体への手引き」（manuductiones ad trinitatem）、つまりキリスト教の三位一体理解への導きとして理解されることを、明らかに意図しているのである。

論証可能性（rationabilitas）

最後に第三のモティーフが挙げられるべきである。それは、信仰の所与について論証可能性を提示することである。ニコラウスは、自分が信仰において告白することを理性の前で思弁的かつ合理的に正当化しようとする。これが彼の方法である。「理性を用いる者たちならば、三性を信じているわれわれが、これを合理的動機から行なっていることが分かるはずだ」(7)。これは、三位一体の教義が思考上の必然的なものであると証明されるはずだ、ということではない。このような可能性を誤って確信していたのは、ライムンドゥス・ルルスである。彼は、rationes necessariae、すなわち必然的な諸根拠を自分は意のままに用いることができる、という考えを前提にしていた。彼の壮大な努力が失敗に終わったことは、彼の考えが誤っていたことを示しており、この点では、ニコラウスはルルスに従わなかった。信仰の所与の合理性ではなくて、その論証可能性が提示されるべきである。三位一体についてのクザーヌスの思弁の基点は、理性ではなくて信仰である。それゆえに、信仰の優先権のなかに出発点と核心を見出すことのないクザーヌス解釈は、すべて一面的で不十分である。信仰の優先権のなかでこそクザーヌスは、諸々の対立をより高次な一致へと包括することに力を尽くしたのである。

コーランのなかにさえも福音の真理を見出すことが可能である、というクザーヌスの確信は、イスラームがキリスト教の異端の一つであるという想定を前提にしている。『コーランの精査』に添えられている教皇ピウス二世（在位一四五八－六四年）に対する献辞において、すでにニコラウスは、「このムハンマドのセクト」（クザーヌス自身の表現）がネストリオス派の異端に起源をもっていると指摘している。この見方は新しいものではない。これは、ビザンツに由来するにせよラテンに由来するにせよ、イスラームに対する論駁の共通な論点の一つである。これの起源は、初期ムスリムの伝説である有名なバヒーラの物語にある。それによると、ムハンマドがあるキリスト教の修道士――反イスラームという論点からは当然のこととしてネストリオス派であると見なされた――から影響を受けたというのである。すでにコーラン一六章一〇三節が、「彼ら（不信仰者）が、『ただの人間がこれ（彼が神の啓示だとして語っていることを）を彼（ムハンマド）に教えたのだ』といっていることをわれわれは知っている。しかし彼らがそれと示唆している男の言葉はアラビア語ではない。これに対してこれはまぎれもないアラビア語である」として、このことに論及している。

つまりニコラウスはこの伝承を、自分の手元にあった典拠から取り上げているのである。そして、ネストリオス派の教説を介することで、キリスト教とイスラームとの内的な親近性が彼にとって明らかとなる。なぜならば彼は、ネストリオス派の教説を両方の宗教の間の媒介者とみなしていたからである。このことは、とりわけ論争の的となっていたキリスト論に関わる問題に妥当する。コーランのキリスト論に対する彼の批判が、ネストリオス派の教説に対する批判としてもみなされうるとすれば、そして、それが、キリスト教徒とムスリムとの間の信仰に関わる対話に対して果たすネストリオス派の教説の根本的な意義を損傷することがないのであれば、それがたとえ異端であっても、ニコラウス・クザーヌスにとっては、コーラン成立の由来を根拠として、イスラームとの対決において神学的根拠となるのである。

ムハンマドと彼の精神的環境とに対してネストリオス派が影響を与えた可能性を、排除することはできない。なぜならば、ネストリオス派は当時、近東地域の広範囲に伝わっていたのである。それは、ササン朝ペルシアの支配下で容認されたキリスト教の形態であった。五九七年のペルシアによるアラビア南部の攻略と南アラビア教会の西方キリスト教からの隔離によって、ネストリオス派はこの地域でも優遇されることになったのである。

したがって、たとえ直接的ではなくて伝聞としてにせよ、ムハンマドが何らかの方法でネストリオス派の教説に触れたことは、考えられないことではない。それゆえにこそ、コーランのなかにとくにネストリオス派的な諸要素が見出されえたのである。

(b) 論争文書としての『コーランの精査』

たとえキリスト教信仰の神秘の弁護が『コーランの精査』の前景に出ているとしても、この書物のなかに、ムハンマドとコーランに対する論争的な章句が語られていることは否定できない。この点でニコラウスは、自分が利用した源泉のなかに見出したのと同じ、中世の反イスラームの論争の伝統にどっぷりと漬かっているのである。この源泉について、以下で手短に見ることにしよう。

(c) 『コーランの精査』の文献的源泉

ニコラウスが文献を頼りにしてイスラームを理解しようと努めたことは、彼がこれに関わる文献を徹底的に研究し活用したことが示している。

ニコラウス・クザーヌスが『コーランの精査』の冒頭において、それの源泉となった文献に関する情報を提供してくれていることは、好都合である。それらは、いわゆる『トレド集成』(Corpus Toletanum) に由来する、アラビア語からラテン語に翻訳された以下のようなものである。

(1) ペトルス・ウェネラビリスからの委託によって、イギリス人であるケトンのロベルトゥスが一一四三年頃に完成したコーランのラテン語訳。

(2) アラビア語で Risalat ʿAbdallah ibn-Ismaīl al Hashimī ila ʿabd-al-Masīh ibn-Ishak al-Kindī wa Risalat al-Kindī ila al-Hashimī (アブダラー・イブン・イシュマイール・アル・ハシミーからアブダルマシー・イブン・イシャーク　アル・キンディへの書簡とアル・キンディからアル・ハシミーへの書簡) と表示されている文献。これは、アラビア語で記された有名なキリスト教の護教論であって、ムスリムとキリスト教徒との書簡の交換という形で著されている。

(3)『ムハンマドの系譜の書』。これは、ユダヤ・イスラーム的な創造についての一連の伝説、ならびに族長と預言者たちの歴史を含んでおり、かつムハンマドの系譜の記述もある書物。これのアラビア語の原典はサイド・イブン・ウマルの『アッラーの使徒の系譜の書』(Kitab Nasab Rasul Allah) であろう。

(4) 伝説的に潤色されたムスリムの伝統、およびムハンマドの歴史、ならびに初期の七人のカリフに関する伝記的な簡単な描写を含む『サラセン人の伝説集』。

(5)『ムハンマドの教説』。これは、ムスリム－ユダヤ教徒の伝説の集成教理問答の形式をとって構成されている。アラビア語の原典は、『アブド・アラー・イブン・サラムの問い』という。

（6） ペトルス・ウェネラビリスの『サラセン人の異端大要』。

（7） ペトルス・ウェネラビリスのクレルヴォーのベルナルドゥス宛ての書簡

これらの文献はすべて Cod. Cus. 108〔クザーヌス写本一〇八－ニコラウス・ホスピタルの図書室に所蔵されている〕に含まれている。

これらの「トレド集成」に属する諸業績にとどまらず、以下のような文献にもニコラウスは高い評価を与えつつ言及している。

（1） 東方宣教師であったモンテ・クルチスのリコルドゥスの『サラセン人の法に対する駁論』Contra legem Sarracenorum

（2） カルトゥジア会のディオニュシウスの包括的な著作『ムハンマドの不誠実に対する駁論』Contra perfidiam Machometi

（この両著作は Cod. Cus. 107 に入っている）

（3） トマス・アクィナスの小さな論文『アンティオキアの聖歌隊指揮者に宛てた信仰の諸根拠について』De rationibus fidei ad Cantorem Antiochenum

（4） トルケマダのフアンの著作『ムハンマドの不誠実の原理的誤謬に対する駁論』Contra principales errores perfidi Mohameti

(d)　クザーヌスの解釈におけるコーラン

キリスト教とイスラームの論争の中心点はイエス・キリストの問題である。それは、――後にわれわれが見るように――すでにコーランに由来して明らかになっているものであり、クザーヌスもおそらくはそのことに気づいていた。かつて彼はセコビアのフアンに宛てた手紙のなかで、自分はユダヤ教徒とムスリムを実体の一性における三位について納得させることが困難ではないという経験をした、と言明している。しかしながら、ヒュポスタシス〔位格〕の結合についていえば、この大胆な企ては、当初から困難であったように、今もやはり極めて困難であるとした上で、次のように付言している。「この部分は、これまでもそうであったと同様に極めて困難なものとなるであろう[8]」と。キリスト論の問題を提出して、自分と自己の告知のために、イエスは神の子ではない、と判断を下したのは、そもそもムハンマド自身であった。「啓典の民よ、お前たちの宗教のことで度を越してはならない。神についてはただ真理のみを話せ。マリアの子、キリスト・イエスはただ神の使者であり、神がマリアに授けた彼のことば（kalima）であり、神の霊である……」（コーラン四章一七一節）。

イエス・キリスト　「神のことば」

イエスを「神のことば」と表示することは、キリスト教の側では、くりかえしコーランの用語がキリスト教の教義学の意味で解釈されることにつながった。ニコラウスもこれを、『信仰の平和』と『コーランの精査』の両方で試みている。それゆえに、「ことば」(kalima) という語をもってコーランはいかなる理解をしているのか、という問題が解明されねばならない。

第一に、kalima とは神の創造力あることばを意味する。神のことばは、存在を創造し、現実に存在させる。この意味内容には、無からの創造とともに、終末における死者の復活も含まれる。次に、kalima は預言者たちに託された神の使信を表示する。神は預言者たちを諸民族に対してそれぞれ異なった時に派遣して、自分のことばを告知する。では、コーランがイエスを「神のことば」と表示するとき、コーランは何を言おうとしているのだろうか。それはキリスト教的な理解が意図されているのだろうか。これについてA・Th・コウリーは次のように言っている。「ここにキリスト教の教えの反響を聞くことが可能であるということを疑うことはできない。しかし、ムハンマドは、『ことば』という単語の教義的な意味と結びつけることなく、それを受容したのであることも、同様に確からしい(9)」。また、キリスト教のロゴスの概念もコーランに対して一定の影響を与えたであろうが、しかし、イエスを神のことばとして描写することで、神の第二の位格に対する信仰が意図されていたということは、決してありえない。なぜならば、コーランは多くの箇所で、イエスが神の子であることを、明示的かつ誤解する余地のない仕方で否定しているのである（例えば以下を参照。コーラン四三章五九節、四章一七二節、一九章三〇節、一九章九三節、五章一七、七二、一一六—一一七節）。キリスト教的な起源と非キリスト教的な解釈とはけっして排他的なことがらではない。したがってこの表現を、イエスの神性に対する、またそれゆえに三位一体という神観に対するコーランによる証拠づけとして引き寄せることはできないのである。それゆえに当然のこととして、イエスに関する kalima とは、(a) イエスは神の創造的なことばによって現実存在へと呼び出されたのであり、(b) イエスは預言者ならびに神の使者として、神のことばの告知者である、という二つのことを意味しているに過ぎないと確定できるのである（同三章四五節）。

かくして、以下のことが十分に明らかになったであろう。イエスに関する、コーランと聖書における単なる表現上の類似を根拠として、その内容上の同一性を推論することは不可能であり、なされてはならないのである。たとえコーランの用語の起源がキリスト教の影響を受けているとしても、ムハンマドは、自からが代表する厳格な一神論の立場と矛盾することのない新たな意味をそれに付与したのである。

イエスについての「神のことば」という表現にあてはまることが、神の「霊（ruh）」というムハンマドの表現（同四章一七一節、二一章九一節、六六章一二節参照）にも妥当する。これもニコラウスは検討の対象にしているが、いずれの場合でもこのような意味連関において、イエスの被造性がとくに強調されているのである。すなわち、神の創造のことばおよび神の霊の吹きこみによって、イエスはアダムと同じく生命へと呼び出されたのである（同一五章二九節、三二章九節、三八章七二節）。

ムスリムとの信仰対話がキリストの属性に関して意味あるものとなるためには、このような、神の「ことば」および「霊」についてのコーラン本来の意味が考慮される必要がある。

ニコラウス・クザーヌスがコーランのなかに聖書的な意味内容を読み取ろうと試みたことに対する責任が、彼一人に帰せられるわけではない。彼は、反イスラームの論争と護教論においてキリスト教の側で習慣となっていたことに従っただけなのである。

とはいえニコラウスは、自分の道を突き進んだ場合もある。ケトンのロベルトゥスによるコーランのラテン語訳でキリストが「あらゆる民族の顔」(facies omnium gentium)と表現されている箇所であるコーラン三章四五節について、クザーヌスがなした解釈はこのことを証明している。

イエス・キリスト　「あらゆる民族の顔」

ケトンのロベルトゥスはコーラン三章四五節の翻訳の際に、深刻で——以下でクザーヌスのケースで明らかになるような——重大な誤りを犯した。コーランにおけるこの個所の本来の意味は以下のとおりである。「天使たちが告げた。マリアよ、神はお前に彼のことば(kalima)を告知する。その名前はキリスト・イエス、マリアの子である。彼は、現世にても来世にても栄誉を受け(wadjih)、(神の)お傍近くにおかれることを許された者たちの一人である……」。ところがケトンのロベルトゥスは、アラビア語の‘wadjih’(栄誉を受ける)を誤って‘wadjih’(顔)と読んだので、facies(顔)

という語をあてた。そのためにキリストが facies omnium gentium（あらゆる民族の顔）として現われることになったのである。

ニコラウスは『コーランの精査』において、このコーランのものと想定されたキリストの称号を解釈するために一章をあてている。それ以前の書物である『信仰の平和』においても、一三章と一六章で、すでに彼はこのキリストの名称付与を引き合いに出している。

『コーランの精査』では、このコーランのものと想定されたキリストの称号を、旧約聖書と新約聖書の救済史的パースペクティヴのなかに置く。すなわち、コーランがイエスを「あらゆる民族の顔」(facies omnium gentium）と表現しているのは、詩編作者がイエスについて預言的に、「あなたは人の子らの誰よりも美しく、あなたの唇には優雅さがただよっている。あなたはとこしえに神の祝福を受ける」（詩編四五編三節）と述べていることを表現しているのだとする。そしてニコラウス・クザーヌスは「マタイによる福音書」三章一七節と関連させつつ、キリストとは父なる神が寵愛する、神の愛されるべき息子であると確言するのである。

イエス・キリスト　「神の最大の使者」

福音書の真理内容をコーランから見つけ出すというさらなる試みにおいて、ニコラウス・クザーヌスは「イムラーン家の章」に由来する二つの文章、つまりコーラン三章四五節ａと四八節以下とを引き合いに出す。しかしながら、この両方の箇所はともにケトンのロベルトゥスによる誤訳、または誤った解釈である。

コーラン三章四五節aは、本来は以下のとおりである。「天使たちが、『マリアよ、神はお前に彼のことば（kalima）を告知する……』と言った時……」。これをロベルトゥスは「……マリアよ、お前に対して神のことばと共に最高の使者の（summi nuntii）喜びが授与される」と訳している。またコーラン三章四八節に四九節を引き寄せて、「私はお前たちの主の印とともにお前たちのもとに来たのである」を、「神の力と共に来ている」（cum divina virtute venientem）と訳している。[10]

『コーランの精査』においてクザーヌスは、この解釈を基礎にして、彼のいわゆる「最大性による証明」（Maximitätsbeweis）をムスリムに対して築く。

クザーヌスは言う。もしコーランが、神の最高の使者が神の力とともに来ていると言うのであれば、それはキリストが最大であることを言明していることになる。コーランに表現されていると想定されたキリストの人間的本性に関わる属性が――それをクザーヌスはラテン語訳に見出したので――キリストにおける位格的結合を証明する基礎を形成することになる。

この論証は、イエスの人間としての本性に関する最大性の言明を前提としながら、ネストリオス派の教義とイスラームとに対するクザーヌスの最大性による証明の核心となる。それはとりわけ『信仰の平和』第一二章で適用されているとおりである。[11] コーランによれば、イエスが行なった奇跡もまた、彼を派遣した父なる神のうちに存在するのと同じ力が彼自身のうちに存在することを啓示しているのである。従って、クザーヌスによれば、コーランも聖書の諸文書に劣らずキリストについて叙述しようとしている、ということを容認せねばならないのである。

ここには、コーランの不十分なラテン語訳による否定的な影響と並んで、クザーヌスの「誠実な解釈」（pia interpretatio）という動機が現われている。これを用いればコーランのなかにキリスト教的要素が発見できると、彼自身は信じているのである。しかし、コーランに即してみれば、そこには何も特別な意味があるわけではない。なぜならば、キリスト論の問題に関わるかぎりコーランの立場は明瞭である。すなわち、イエスは預言者にして神の使者ではあるが、神の子ではない。またコーランによれば、彼が最大にして最高の使者であるわけはない。預言者の歴史における最後にして最高点とは、ムハンマドすなわち「預言者の封印」（コーラン三三章四〇節）である。この問題におけるコーランの一義性は、ニコラウスにもよく知られていた。『コーランの精査』の第一巻第三章で彼は、モンテ・クルチスのリコルドゥスにならって、キリストが神の子であることの否定とその十字架上での死の否定を、コーランの本来的な意図として表現している。(12)

実際、コーランはイエスが神の子であることだけを否認しているのではなく、その十字架上での死をも否定している（コーラン四章一五七節）。このようにしてコーランは、キリスト教の救済論に疑問をなげかけているのである。それにもかかわらずニコラウスは、キリストの仲介者としての役割と救済論的な機能がコーランのなかで確証されているのを見出そうとするのである。

イエス・キリスト　仲介者にして救済者

ここでの彼の分析の出発点は、コーラン二章一二七―一二九節、正確にいえば一二九節の有名なアブラハムの祈り「われらの主よ、彼らのあいだに、彼らの仲間の一人を使者として遣わし、彼があなたの印を彼らに授与し、彼らに啓典と知恵を教え、彼らを浄めさせて下さい」である。アラビア語の'rasul'（使者）がここではケトンのロベルトゥスによって誤って'mediator'（仲介者）と表現されている。[13] クザーヌスはこの表現のなかに、キリストの仲介者としての役割がコーランによって受容されている証拠を見る。しかしながらコーランの側からは、このような解釈は禁止されている。アブラハムが自分の子孫のなかから一人の使者を遣わしてくれるように願っているこの一節を、イエスを指示しているとすることは不可能である。むしろアブラハムは、ムスリムの共同体のなかからの使者を神に求めているのである。後の世まで自分に名声を授けて欲しいという、コーラン二六章八四節におけるアブラハムの願いが、コーラン二章一二九節で人に関することとして解釈されているのである。つまりムハンマド自身が、アブラハムの懇願したこの「名声」となるのである。彼は自己の仲間から出た預言者であり、それはコーランのなかでくりかえし指摘されているとおりである。彼は、明白なアラビア語で神のもろもろの啓示を伝える詩句を読み上げる（tala）存在なのである。

アブラハムの懇願によってその子孫のなかから遣わされた使者とはイエス・キリストのことでありうる、というクザーヌスの解釈は、さらに、ムハンマドがアブラハムからイシュマエルを経て現われた、というコーランにおける系譜上の由来（コーラン三章八四節）を無視することになり、結局、彼の理解の根拠を新約聖書の伝統におくことになる。

第二章の一二九節についてのこのような具体的なクザーヌス的解釈をさておくとしても、コーランから、何らかの形で神と人間との間を媒介するような役割を誰かに割り当てようとするいかなる試みも、挫折することが本来的に運命づけられている。なぜならば、コーランは神と人間との間を第三者が媒介するという可能性をいっさい否定しているからである。第三者というものは存在しない。いかなる人間も神の前に一人で立つ。最後の審判において他人の重荷を負うことのできる者はおらず、だれでも自分が地上で追求していたものを得ることになる。[14] 神と人間との間のいかなる媒介をもコーランが厳しく拒絶しているという事実は、コーランが原罪と罪責とを否定していることと関係している。それゆえにいかなる救済神学も不要となるのである。

しかしながら、ニコラウス・クザーヌスは、キリストの救済論的な機能をムスリムに理解してもらいやすくなる手がかりを捜す。その際の彼の論証は以下のようなものである。ムスリムは復活と永遠の生命を信じている。ところがコーランの理解によっても、死すべき人間が自己の努力によって不死になることは不可能であり、したがって人間はおのずと永遠なる生命を願望する。[15] むしろこの事実こそが、神であり人である媒介者にして救済者を仮定しているのである。[16] 最大性の証明とともに典型的にクザーヌス的であるこの論証を、B・デッカーは正当にも「仮定弁証法」と名づけている。[17]

ニコラウスはムスリムや他の宗教の代表者たちとの神学的論争において、神がキリストにおいて人間にならねばならない必然性を彼らに十分に認識させるために、この方法をくりかえし適用している。クザーヌスがとくに詳細にこの思考法を説明しているのは、『信仰の平和』におけるペトルスとシリア人との対話においてである。[18]『コーランの精査』においてもニコラウスはこの論証法を動員しているが、それは第三巻第一九章である。以上のことから、この二つの著作が、まさにキリスト論的な問題に関して、互いにきわめて密接な関係にあることが明らかになる。

（e）三位一体への諸々の導き（Manuductiones ad trinitatem）キリスト的かつ三位一体的な神概念の理解のための導き

『コーランの精査』におけるもう一つの重点は、イスラームの神概念を批判的に精査することである。これを理解するために、あらかじめ手短にコーランの立場を説明しておこう。ムハンマドは自ら厳格な一神論の番人をもって任じていた。伝統的な万神殿を手放そうとしなかったメッカの同胞たちの頑固さと強情さにもかかわらず、ムハンマドは力をこめて神の唯一性と一性を告白していた。コーラン一一二章では誤解の余地なく以下のように述べられている。「慈悲深く慈愛あつき神の名において。言え、彼こそ神にして唯一者（ahad）、貫通できない神（samad）。彼は生むことなくして、生まれることもなかった方。だれ一人として彼に並ぶ者はいない」。アッ・ラート（al-Lat）、アル・ウッザー（al-'Uzza）、およびマナート（Manat）という三柱の地方女神が受けていた極めて高い崇拝に直面して、最初のうちムハンマドは、メッカの民に対して一定の妥協をする用意があるように見えた。しかしながら、その直後に彼は、譲歩に見えた自分の傾向を悪魔のそそのかしであったと説明して自身の言葉を撤回し、上述の三柱の地方的な神はメッカの民が捏造した単なる名称にすぎないと説いた（コーラン五三章一九―二三節参照）。それ以降、二度と彼はこの問題において譲歩する意志を表明することはなかった。コーラン一〇九章はこのことを明言している。「言え。信仰なき者たちよ。お前たちが崇めるものを、私は崇めない。私が崇めるものを、お前たちは崇めない。私はお前たちが崇めてきたものを崇めることはなく、お前たちも私が崇めるものを崇めることはない。お前たちにはお前たちの宗教があり、私には私の宗教がある」。

同様な厳格さをもって、コーランはキリスト教の三位一体の教説をも拒否しているのである。「それゆえ神とその使徒たちを信ぜよ。けっして三者などと言ってはならない。やめなさい。それがお前たちの身のためだ。神は唯一の神である。神は讃えられるべき方。神に子があるなどとはもってのほか。天と地にあるものは神のものだ。そして保護者として十全の方」（コーラン四章一七一節）。――とは言え、コーランはキリスト教における三位一体の理解を正統的かつ正確に表現しているわけではない（本書七五頁以下参照）。コーランはキリスト教の三位一体の信仰を誤解しているように見える。つまり、それは神（父）とマリア（母）とイエス（子）からなる三者性を想定しているように見えるのである（コーラン五章一一六節）。この誤解を考慮に入れないとしても、コーランは、神の三位一体性を告白するキリスト教徒が他の神々を〔真なる唯一の〕神の仲間に加えている、と告発しつつ（コーラン四章一七一節等々）、キリスト教徒に対して反論している。

キリスト教徒に対するコーランのこのような批判をニコラウス・クザーヌスは、モンテ・クルチスのリコルドゥスにならって、ムスリムに対するブーメランとして応用している。すなわち、複数の神を崇拝しているのはキリスト教徒ではなくムスリムである――なぜならば、彼等は三位一体を容認することなく神の「霊」と「ことば」について語るのだからだ、というのである。

しかしながらすでに見たとおりクザーヌスは、神の「霊」と「ことば」のコーランにおける意味を理解していなかった。むしろ彼は、この二つの概念にキリスト教的解釈を含ませようとしていたのである。

ムスリムにキリスト教の三位一体信仰を理解してもらう道をひらくために、ニコラウス・クザーヌスはとりわけ工夫をこらし、想像をたくましくする。彼の『コーランの精査』第二巻の始めから一一章にわたって、彼に典型的な「三位一体への導き」（manuductiones ad trinitatem）を手がかりにしつつ、イスラームとキリスト教の対決の内部に新たな地平を開いている。その際にクザーヌスは、とりわけ次の三つ組を用いる。

「精神―知―意志」(mens―scientia―voluntas)、「豊饒性―出産―愛」(fecunditas―partus―amor)、「一性―相等性―結合」(unitas―aequalitas―conexio)、その他、彼の三位一体論にとって根本的なものである「我―汝―彼」(ego―tu―ille)ならびに「源泉―流れ―静水」(fons―fluvius―stagnum)[19]。

これらのうちの最後の三つ組を取り出して、多様な「三位一体への導き」のなかの少なくとも一つを、われわれの手短な説明においても紹介することにしよう。

ニコラウスが、信仰から知られることを被造的存在という鏡のなかに見ようと、いかに熱心に努めていたかは、この書物の第二巻第九章における彼の努力が明らかに示している。ここの一文において彼は言う。「たとえ聖三位一体についてのかけ離れた喩えであろうとも、人間の知性が十分に鍛えられるまでは、ムスリムに『三位一体への諸々の導き』(manuductiones ad trinitatem)を提供しなければならない[20]」。

この努力において再び、クザーヌスの世界観と世界解釈が極めて深い宗教的な根をもっていることが明らかになる。すなわちそれは、あらゆる被造物に三一なる神の痕跡を見出すことを可能にするのである。たとえばこうである。流入も流出もない或る大きな湖が、けっして干上がることもなく汚れることもなかった。それの原因は、この大湖の中心にある源泉であった。この湖は岸辺では静止していても、この源泉によって内部からたえず再生していた。このようにしてこの湖は、同時に源泉(fons)であり、流れ(fluvius)であり、静水(stagnum)であった。これらの三者は、互いに同一のものではないにしても、これらが同一の湖を形成しているのである。クザーヌスは、「一性－相等性－結合」の三つ組を媒介にして、具体的には、「源泉・一性－流れ・相等性－静水・これら両者の結合」という三つ組を媒介にして、自ら引き合いに出した比喩を三位一体的に解釈しようと試みている。(21)

「もし私が、〔その後に〕比喩から離れて永遠なる世界に上昇するならば、私はそれをいっそう真なる仕方で、この目に見える湖のように、三にして一なるものであると把握するであろう。……コーランにも『すべての命あるものは水に由来する』〔二一章三〇節〕という一節があることを私は言っておきたい。したがってこの湖が、自らを減少させることなくその周囲のすべての木々や種子や草に命と繁茂とを授与しているのであれば、この湖の創造者〔神〕は、自らをいっさい減少させることなく、あらゆる被造物にすべてのものをどれほど豊かに授与することになるであろうか。というのも、絶対的な本質は比喩的な意味で湖と呼ばれることがあり、私はその湖に源泉と流れと静水の区別があることを見てとるのだが、現に存在している万物は、それが現に存在するとおりのものをその絶対的な本質から受け取っているのである。すなわち、単に存在するとおりのものを、また、存在し生きているとおりのものを、さらには、存在し生きており思惟するとおりのものを、受け取っているのである」。(22)

(f)　クザーヌスによる、信仰についてのムスリムとの対話の可能性と限界

最後に、クザーヌスによる、信仰についてのムスリムとの対話に関するわれわれの分析をまとめてみよう。

(1)　ニコラウス・クザーヌスはコーランの神学との対決において、ムスリムにイエス・キリストにおける位格的結合（神性と人間性との合一）とキリスト教の三位一体の信仰を理解させる可能性と方策を、くりかえし探求していた。

(2)　これのための根拠がコーランのなかにも見出せるという確信のもとで、彼は多くのコーランの表現にキリスト教的な理解をこじつけた。

(3)　コーランのラテン語訳が不十分であったことが、不当な仕方でコーランにもちこまれたこの思いこみを促進した。

(4)　コーランの表現を内容的にキリスト教の表象に適用したことが、コーランの神学の固有性とそれ自身の自己理解、およびそれに固有の意味理解を、過小評価したり見誤ることにつながった。

かくして、対話には不可欠な前提、すなわち、コーランをそれ自身から理解すること、つまり、コーランの章句の真にコーラン的な意味を把握することは、クザーヌスによる、信仰についてのムスリ

ムとの対話においては、脇に追いやられているのである――『コーランの精査』における攻撃的な文章をいったんすべて無視したとしても。

二　ルターのイスラーム理解

（a）「……今まさにトルコ人がわれわれに近づきつつあるので」――オスマン・トルコへの恐れ

宗教改革の時代に、ヨーロッパでキリスト教徒が互いに争いかつ反目し合っている間、オスマン帝国のスルタンはこの好機を逃すことなく、ヨーロッパに対する攻撃のために身構えていた。思い起こしてみよう。ベオグラードが一五二一年に陥落し、ロードス島が一五二二年に陥落、そしてハンガリー帝国のラヨシュ二世が打ち破られたのが一五二六年の七月二四日のことである。さらに一五二九年にはウィーンが包囲され、一五四一年にはついにブダペストが陥落した。ハンガリーがオスマン帝国によって併合された（一五四一年）後、対立の舞台は地中海に移ったが、オスマン帝国はそこで恐るべき海軍国に成長した。一五三七―四一年にヴェネチア人はエーゲ海内の所領から追い出され、レバント海におけるキリスト教側の最後の拠点が、キプロス島をもって陥落した。

マルティン・ルターのイスラームに対する立場は、このような政治的かつ軍事的状況を背景にして見られるべきである。[23]「……今まさにトルコ人がわれわれに近づきつつあるので……」と、彼は一五二九年の自分の著作『トルコ人に対する戦争について』(Vom kriege widder die Türcken) におけるヘッセン方伯フィリップへの献辞で根拠づけている。[24] こうして彼は同時に、ヨーロッパが至る所で襲われていた恐れ、いわゆる「トルコの脅威」を表明したのである。

(b) 政治的権力としてのイスラームに対するルターの神学的立論

同時代の政治情勢によってマルティン・ルターは、イスラームの政治的および軍事的権力に対する、多くのいわゆる「トルコ文書」のなかで、自己の立場を表明することが不可欠であると考えた。当時、このような形式のトルコ文書は頻繁に登場していた。それらはいわば独自の文学ジャンルを形成していた。ルターの著作である『トルコ人に対する戦争について』[25] ならびに『トルコ人に対する軍隊説教』[26] (両方とも一五二九年) は、こういう状況に拘束されている。彼はすでに一五二六年に『軍人もまた救われるか』[27] のなかで、「トルコ戦争についても少し述べる」[28] と自分の計画について予告していた。「しかしトルコ人が帰国し、われわれのドイツ人ももうそれを問題にしていないのだから、まだそれについて書くべき時ではない」[29]。だが、モハチでの戦いでラヨシュ二世が戦死した一五二六年、――この時ルターは王の未亡人に慰めの文書を送ったのだが[30]――政治的転機が生じた。すなわち、オスマンのスルタン・スレイマン一世 (在立一五二〇―六六年) にウィーンへの通路が自由になったのである。オーストリアのフェルディナンドが使者を派遣して善隣友好関係をもたらそうとしたが、その努力が実を結ばないままに終わったとき、ドイツには、オスマン帝国によるさらなる攻撃があるのではないかという不安が増した。このような緊張の高まった状況のなかでマルティン・ルターは、すでに一五二四年に約束していたオスマン帝国との軍事的対決に関する文書執筆を実行に移すことを決意したのである。

神の懲らしめとしてのトルコ人の脅威

トルコ人は「神のむちであり悪魔の僕である。これは疑いのない事実である」[31]と、一五二九年にルターは著作『トルコ人に対する戦争について』において断定した。トルコ人の脅威についてのこのような神学的評価は、彼とローマ〔教皇庁〕との一つの争点になった。すでに一五一八年にルターは、『贖宥の効力についての討論の解説』――それは一五一七年一〇月三一日の九五か条の命題の説明と弁護と理解されたが――の命題五において、オスマンの脅威は神の懲らしめであると解釈していた。[32]このとらえ方は一五二〇年六月一五日に教皇レオ一〇世（在位一五一三―二一年）によりその大勅書『主よ、立ちたまえ』（Exsurge Domine）において反駁され、誤謬として断罪された。[33]それに対してルターは一五二〇年に、『レオ一〇世の最終的断罪の大勅書のためのあらゆる条項の主張』（Assertio omnium articulorum D. M. Lutheri per Bullam Leonis X. novissimam damnatorum）をもって自分の見解を防御した(34)。彼は改めて、トルコの脅威を神の懲罰とする自分の判断を強調したのである。マルティン・ルターはほぼ同時に、教皇の大勅書『主よ、立ちたまえ』に対するラテン語の返答と並んで、同じ主題に関わるドイツ語の著作を準備していた。すなわち『ローマの大勅書によって不当にも断罪されたマルティン・ルター博士のすべての条項の弁明とその根拠』(Grund und ursach aller Artickel D. Marti. Luther, szo durch Romische Bulle unrechtlich vordampt seyn)(35)である。これは一五二一年に公刊された。このなかでルターは、キリスト教徒がオスマンの権力との軍事的対決において耐えねばならなかった苦痛に満ちた経験に思いをはせている。彼は、この破滅的な軍事政策はローマ教皇庁の命令と発案のもとに貫徹されたのだとして、ローマを告発する。そこで彼は「トルコ人と戦うことは、トルコ人を用いてわれわれの罪を罰せられる神に逆らうことに他ならない」という自分の主張を説明する(36)。さらに付け加えて言う。「ところで私は、トルコ人に対して戦うべきであるという条項をかかげなかった。われわれはむしろ、まず自分自身を改善し、神の恵みを受けるべきである(37)」。ルターにとってかくも本質的なものとしての恵みあふれる神への問いが、ここにも出現しているのである。義化への問いもまた、ここで決定的である。「なぜならば、あたりまえの敵に対する戦いも、恵み深くない神のもとでは何を意味するかを、旧約聖書の歴史がわれわれに示しているだろう(38)」。軍事的措置を発動するための前提条件は、神と和解するために自身の改心と悔い改めが不可欠だという洞察なのである。「私はここでもまたくりかえし言っておくが、私はいかなる人にも、トルコ人を敵として戦うように、鼓舞したり命じたりするつもりはないのである。もしそうさせるとするならば、それに先だって第一の方法が守られねばならない。……〔すなわち〕人々があらかじめ懺悔をし、神と和解することである(39)」。

ルターがトルコ人の脅威を神の懲罰とみなすことから、祈り懺悔することへの勧めが結果として導き出されるのである。一五四一年にはザクセンのヨーハン・フリードリヒの依頼で『トルコ人に対抗するための祈りへの訓戒(40)』を著した。彼はすでに一五二九年の二つの著作においてくりかえし、祈りと懺悔を呼びかけていた。「牧師たちも説教者たちもおのおの自分の民衆に懺悔と祈りを行なうように、大いに熱心に勧めるべきである(41)」。

十字軍政策の拒絶

「もしわれわれがこれを聖書から学ぼうとしないのであれば、われわれ自身が災難に遭って、キリスト教徒は戦争をするべきではなく、悪に逆らうべきではないということを身をもって知るまでは、トルコ人が剣をもってわれわれに教えねばならないのである(42)」。こうマルティン・ルターは一五二九年に『トルコ人に対する戦争について』において記した。この文言によって彼は、一〇九六年以来、西洋のイスラームとの対決において揺らぐことのない構成要素であった十字軍政策から距離を取ったのである。十字軍熱はとうに過去のものとなっており、十字軍疲れ、無気力と関心喪失がそれに続いた。しかしながら問題の核心は残っていた。イスラームの力である。残っていた問題には、ムスリムと対決するための戦略の不一致もあった。十字軍政策への賛同者も反対者も、執拗に発言を求めていた。クレルヴォーのベルナルドゥス、フィオーレのヨアキム（一一三五頃－一二〇二年）、ジャン・ジェルマン（金の羊毛騎士団管長）、エネア・シルヴィオ・ピッコローミニ（教皇ピウス二世）が軍事的解決の擁護者として一方におり、ペトルス・ウェネラビリス、ロジャー・ベーコン（一二一九頃－九二年頃）、ジョン・ウィクリフ（一三三〇頃－八四年）、セコビアのファン、ニコラウス・クザーヌスが知性的解決の代表者として他方にいた。

マルティン・ルターはいかなる立場を取ったのか。彼自身に聞いてみよう。彼は記している。「もし私が軍人であって、戦場に聖職者の旗なり十字架の旗なりを見るならば、いや、たとえそれが十字架そのものであったとしても、私はそれらから、悪魔に追いかけられているかのように、逃げ出すだろう……」[43]。キリストの名における戦争、十字架の印をかかげての戦争は、「マタイによる福音書」五章三八節以下の平和の命令と相容れない、とルターはここで言うのである。しかしこれによって、トルコ人に対するいかなる戦争も根本的に禁止され、差し止められているというわけではない。むしろここでルターはそのための二つの条件を提示している。一、この戦争は、皇帝の名において彼の主権と彼の指揮権のもとで遂行されねばならない。二、この戦争は、その不可欠の前提として、国土と国民を守るための自己防衛の必然性がなければならない[44]。ルターによって非難されるのは、トルコ人に対する戦争そのものではなくて、「キリストの名においてトルコ人に対して[45]」行なう戦争である。逆に彼によれば、このような戦争は、政治的に責任ある人々が、キリスト教徒としてではなくて統治者としての義務において、遂行するのである。「だから私は、以下のように勧告してきたのであり、これからも勧告するのである。すなわち、いかなる者もキリスト教徒であることに熱心であれ、そしてトルコ人に苦しめられることにすすんであたるべきである。しかし、誰であっても、キリスト教徒として、あるいはキリスト教徒の名のもとに戦うべきではない。汝の世俗主権者をして戦わしめよ、そして汝はそれ〔世俗主権者〕の旗と名のもとに出征すべきであって、世俗的受け皿として、それの世俗主権者に宣誓しているものとしての肉体に従って、全身全霊を込めて従順であるべきである。こういうことを神は汝から得るおつもりなのである[46]」。ルターが一五二三年に『世俗的支配機関について、人はどこまで汝に従順で罪深くあるのか[47]』で展開したような、二つの統治についての彼の教説、教会権力と世俗権力との彼の厳格な区別もまた、十字軍政策に対する彼の決別に明らかに決定的な作用をした。さらなる動機として、オスマン帝国の脅威を神の懲罰とみなす彼の神学的な評価も加わった。後世からみれば次のように言うこともできるだろう。マルティン・ルターは、宗教的に動機づけられた（「教会の」）戦争という形をとる十字軍戦略を拒否したのであるから、そのかぎりにおいて彼は戦争に反対する人々の側に立った。しかし、政治的に動機づけられた（「世俗の」）戦争は政治的当局の判断にまかせたのであるから、そのかぎりにおいて彼は、後世の世俗的指令の解放と独立に傾いていたのであり、軍事的措置を排除したわけではなかった――むろん別の旗印のもとにおいてではあったが。[48]

（c）　宗教的勢力としてのイスラームに対するルターの神学的議論

マルティン・ルターは、宗教的な要素としてのイスラームと体系的に取り組んだことはなかった。一五二九年の一連のトルコ文書は、先ずもって政治的に条件づけられた暫定的な仕事であり、この時期の彼の書簡がそうであるのと同様に、解説する形で政治的な出来事を反映するものである。『トルコ人に対する戦争について』で彼は、オスマン帝国の脅威との対決における自分の戦略的選択の説明を試みて、十字軍政策の拒否を宣言したのに対して、彼の第二のトルコ文書である『トルコ人に対する軍隊説教』では、今や明白なトルコの脅威に対して屈することがないように、とドイツ民族に呼びかけており、これは最初の文書よりもはるかに強い調子の訓戒となっている。この文書の意図は、これが予め二分割されていることから判明する。「それゆえに私はこの説教を二つの部分に分けるつもりである。先ず良心について説き、その後に暴力を戒める」[49]。最初の部分は、「人が良心的であること、トルコ人とは何であるのか、それをいかに評価すべきかを、聖書に従って〔説くつもりである〕」[50]とルターが言っていることを明らかにするのにあてられている。この部分は、目下のテーマとの関係で興味深いものである。

イスラームを終末論的な権力とする解釈

ルターは、聖書の黙示録における預言に依拠して、イスラームを神学的に終末論的な権力として解釈しようとした。この試みの核心に新たなものがあったわけではない。ムスリムに占領された九世紀のスペインですでに、トレドの名義司教エウロギウス（八五九年歿）とコルドバ出身の俗人パウルス・アルバルス（八〇〇頃―六〇年頃）が、イスラームの支配をアンチ・キリストの終末論的な到来の準備としてとらえたのではなかったか。一二世紀にフィオーレのヨアキムが、こういう黙示録的な幻視を独自の仕方で現実的なものとして提示したのではなかったか。彼は、イスラームの権力がスペインにおいてはムワッヒド朝の下で、パレスティナにおいてはサラーフッディーン・イブン・アイユーブの下で更新されていると見ていたので、彼にとってもイスラームはアンチ・キリストの道具と思われた。しかしルターにとっては、これだけでは十分でなかった。彼の考えでは、終末論的なアンチ・キリストはすでにローマで生きていて、いつかは教皇の座にさえつくのであり、内なる教会の胎内から、いわばその果実として成長するのであるが、これの前触れがイスラームなのだというのである。

マルティン・ルターのこの解釈を支える生々しい背景を提供したのは、マールブルクとアイゼナッハにおいてメランヒトン（一四九七―一五六〇年）とともになしたフリートリッヒ・ミュコニウス（一四九〇―一五四六年）との対話であろう。「彼は彼らに対してフランシスコ会士ヨハンネス・ヒルテンの奇妙な指示について語った。この修道士はすでに数年前に、ダニエルの不明確な預言のなかにトルコの危難が予言されているのを見出したというのである[51]」。これに衝撃を受けて、ルター自身もイスラームを終末論的な権力と解釈する。「なぜならば悪魔はその道具であるトルコ人を用いて、明らかに世俗的な支配権のみならず、キリストの王国とそれの聖職者と構成員をその信仰から追い落とそうとしているのである。これはダニエルが第七章で言っているとおりである[52]」。つまり、もはや軍事政治的な権力としてのイスラームだけではなく、宗教的かつ霊的な権能としてのイスラームが問題となっているのである。

内的な敵から外的な敵へ

ルターは、「ダニエル書」の終末論的な幻視のなかにキリスト教信仰の敵対者を再発見できると思いこんだ。「なぜならば聖書は、最後の審判の日に先だってキリスト教徒を荒廃させ滅ぼす二人の恐るべき僭主について預言しているからである。その一人は聖職者であって、策略あるいは偽の礼拝と教義を用いて正しいキリスト教信仰と福音とに敵対するのである。彼についてはダニエルが一一章三六節以下で、この者が自身のことを、あらゆる神よりも、あらゆる礼拝よりも高いものと見なす等々と、記している。この王のことは、聖パウロも「テサロニケの信徒への手紙二」の二章でアンチ・キリストと呼んでいる。これは教皇権も含めての教皇のことである。この点についてわれわれは他の機会に十分に記した。もう一人は、剣を帯びて肉体的かつ外面的で、きわめておぞましい者である。彼についてはダニエルが、七章〔二五節〕でそれが暴力的であることを預言している。そしてキリストは「マタイによる福音書」二四章〔一五節〕で、それに匹敵するものがかつて地上に存在したことのないほどの不幸について語っているが、それがトルコ人である。世界の終わりが迫っているゆえに、それに先立って悪魔が〔上述の〕両方の権力を使ってきわめておぞましい仕方で全キリスト教徒を攻撃するにちがいなく、われわれが天国に行くのに先立って、われわれには正しい最後の権力を与えるにちがいないのだ」[53]。この主張においてルターは、キリスト教信仰が恐るべき外なる敵といっそう巧妙な内なる敵とによる挟み撃ちにあっている、と見ている。外なる敵に対して武装するためには、まず全キリスト教徒が自己をその内なる敵から解放しなければならない[54]。ルターにとっては教皇権とイスラームは同じアンチ・キリスト的な次元にある。「彼（トルコ人）は教皇派的である。なぜならば彼は、業によって聖化され、救われるようになると信じているのであり、キリスト教を破壊し、統治者を荒廃させ、結婚生活を否定することを罪悪とは思っていないからである。これらの三つのことは教皇も行なっているのだが、トルコ人が暴力と剣によって行なっているのと異なった方法によって、つまり偽善によってである」[55]。ルターは教皇権とイスラームのなかに等しくキリスト教信仰の敵対者を見出しているので、この双方に対して抵抗すべきであるということになる[56]。すでに一五二〇年の書物『キリスト教界の改善に関してドイツのキリスト者貴族に与える書』[57]においてルターは以下のように詳述している。「もしわれわれがトルコ人と戦おうと思うのであるなら、トルコ人のどこが最悪であるかを、ここで語り始めよう」[58]。ルターは教皇をキリスト教の最も邪悪な敵と見なしているので、彼がアンチ・キリストを見出すのは、イスラームの創設者〔ムハンマド〕においてではなく、むしろ教皇においてである。「私はムハンマドをアンチ・キリストとはみなさない。彼はあまりにも粗雑に振舞い、信仰をも理性をも欺くことのできない明々白々たる黒い悪魔を所有している。ローマ人や他の異邦人がしたように、いわば外からキリスト教徒を迫害する異邦人のような存在である。……しかし、われわれの方の教皇は、高位にあり巧妙で美しくまばゆいばかりの悪魔を所有する真のアンチ・キリストである。この悪魔がキリスト教徒の内部に入り込んでいるのである」[59]。

フィオーレのヨアキムが同様な黙示録的幻視を展開したことがなかっただろうか。アンチ・キリストをつきとめることは、中世後期において好まれたテーマであった。ウィクリフやフス、それに彼らの同調者たちも、当時、アンチ・キリストを見つけ出そうと努めた。ルターによる教皇制とイスラームに対する論駁は、このような精神史的・文化史的傾向のコンテキストの中でとらえられるべきである。こうすることで、ルターが以下のように述べて教皇制とイスラームを同列に並べることの意味が明らかになる。彼は記している。「おそらくはトルコ人も、教皇と同様に、破滅に至るという結末になるだろう。なぜならば、教皇の帝国とトルコ人の帝国もともに最後の二つのおぞましい存在であり、神の怒りなのである。これらは黙示録が偽預言者と獣と名づけているものであり〔黙示録一四章八—

九節）」、これらはともに捕らえられ火の池に投げ込まれるのである（黙示録一九章二〇節）」。[60]

ルターのイスラーム解釈の帰結

ムスリム・オスマン帝国のヨーロッパ世界への登場は、ルターにとって単に軍事的問題のみならず宗教的挑戦をも意味した。たしかにルターはムハンマドを、その到来が予想されていたアンチ・キリストと見なしたわけではないが、それにもかかわらずムハンマドとその宗教の中に終末の時の決定的な権力を見出した。したがって彼は、疑いもなくこの終末の時が今や始まっているのだと考えた。しかしながら最終的には、かならずやキリスト教信仰が勝利をおさめるのであるから、イスラームの政治的・宗教的権力の終わりが来ることを考慮しておかねばならないというのである。「この世界が長く存続すれば、トルコ人も自分たちを押しつぶす存在に出会うであろう」。[61] イスラームとは、ルターの目のなかでは終末の時のアンチ・キリスト的な権力を示すものであったので、それに応じてムハンマドとコーランに対するルターの論駁はきびしく徹底的なものとなった。

「教皇がアンチ・キリストであるのと同様に、トルコ人は肉体をもって現われた悪魔である」。こうルターは『トルコ人に対する戦争について』で述べる。[62] さらに「悪魔は虚言者であり殺人者である。それは虚言をもって霊を殺し、殺害によって肉体を殺すのである」[63]と、「ヨハネによる福音書」八章四四節に関連させながらムハンマドについて記す。「こうして、虚言の精神がムハンマドにとりつき、そのコーランを用いて悪魔が〔人々の〕霊を殺し、キリスト教徒の信仰を破壊してしまったので、さらにそれを進めるだけではなく、剣をとって肉体を殺害することにとりかかったに違いない。それゆえにトルコ人の信仰は、説教と奇跡によってではなく剣と殺人行為によって、ここまで発展しているのである」[64]。

ここでルターは、ムハンマドとコーランを攻撃する伝統的な論点のうちの、よく知られた二点を取り上げていることになる。

(1)　悪魔がムハンマドを教唆しているのであり、コーランは悪魔の作品である[65]。こう主張することで、コーランによって主張されているムハンマドの預言者としての派遣の真正性が無力化され、コーランの本来的な著作者は神である――なぜならば、このような著作は唯一の作者としての神のみが完成できたのだ、とイスラームでは解釈するのである――というコーランの見解が否定されることになる。この見解によれば、コーランが無比であることは、それが文学的美しさ、そのアラビア語、そのリズムと文体に存在するのみならず、まずもってそれが神に由来するという点にある。コーランは神の言葉であるので、それの真正性のまぎれもない徴を自らそれ自身のなかにもっている、というのである。

(2)　イスラームの広まりは戦争をともなった行動の結果である。キリスト教側のイスラームに反対する論争家は、この主張をたえずくりかえし続けた。マルティン・ルターもこの点で例外ではなかった。「彼ら〔トルコ人〕が強盗を働き殺人を行い、手当たりしだい周囲を侵食しては堕落することになっているのは、神の立派なわざとして彼らに与えられた法であり、彼らはこうすることで神に仕えているつもりでいるのだ」[66]。ここでルターは、俗に「聖戦」と称されるイスラームのジハードについての理論と実践を引き合いに出している。しかし語源的にみると、ジハードとは信徒が「神の道」(こうコーランは表現している)[67]に基づいて奮いたたせる熱意のことである――「神の道のために奮闘努力すること」(al-djihâd fî sabîli llah)。ムハンマドがメッカからメディナに移住(Hidjra)した直後に、この「神の道のために奮闘努力すること」が、不信仰な人々との対決の際に戦争をともなった行動として具体化された効果を収めた。メッカからメディナへの移住によって自分の部族と一族から根こぎされた形になったムハンマドは、自分とともにメッカから移住した人々および新たに加入したメディナの信仰上の仲間を「イスラーム共同体」(umma al-islamiyya)に統合させて、メディナで新たな共同体を形成しようと努めた。隣り合った一族同士のように同一の資力で自分たちの生存を確保するという形で、この共同体は維持された。つまり、メディナに新たに創設されたムスリムの公共団体が、こうして必然的に政治的・戦闘的な権力集団という役割にまで成長したのである。

ルターによれば、イスラームはサタンの権力として、単にキリスト教信仰を破壊するばかりではなく、「この世の統治の総体をも」[68]破壊するのである。上述の点から、次のような非難はルターにとって論理的に当然の帰結である。「虚言が信仰と真理との霊的地位を破壊するように、殺人行為は神によって定められたこの世のあらゆる秩序を破壊する」(69)。ルターは、霊的権力と世俗権力との区別と分離、ならびに二つの統治についての自説をイスラームに適用したのだが、これは正しい措置とはいえない。なぜならば、イスラームはそもそもの初めからその由来に基づき、自らを宗教的かつ政治的な共同体と自認しているからである（al-Islam dīn wa dawla〔イスラームは宗教かつ国家である〕）。宗教的な共同体と政治的なそれと文化的なそれとの三者が一つなのである。国民は神の民であり、宗教法（sharī'a）は国法である。宗教と政治が不可分の形で互いにからみあっている(70)。当時の発展と潮流、とりわけ原理主義的な起源が、この自己理解を証明している。

（3）　さらにルターはイスラームの結婚規定を批判する。「第三の点は、ムハンマドのコーランが結婚生活を尊重しないことである……」(71)。秩序ある性生活と結婚生活と家族生活を確保するために、イスラーム共同体に属するあらゆる結婚能力のある女性と男性を結婚させることをコーランは命じている（コーラン二四章三二節参照）。一人の男性が同時に結婚することが許される合法的な婦人の数を、コーランは四人と限定しているが（同四章三節参照）、それには、夫が自分の妻たちを公平に扱うという前提が付けられている。しかし、それを実行することは困難であるか、ほとんど成功しないであろうと、コーランは判断している（同四章一二九節）。男性は、結婚以外に自分の妾や女奴隷との性的関係も許される（同七〇章二九節以下、二三章五節以下を参照）。ルターは、このような結婚道徳は結婚の本質を誤認しているものだとして、以下のように言う。「すべての男性が望む数だけの妻を娶ることが許されている。……こういう制度は結婚ではなく、また結婚ではありえない。なぜならば、神の言葉が創世記二章で述べているとおりに、一体となって彼女のもとに永遠にとどまるというつもりで女を娶ったり所有したりするものは、〔このような制度のもとには〕誰もいないからである」[72]。

(d) イスラームとの神学的対決における決定的にキリスト教的なもの

『トルコ人に対する軍隊説教』でルターは、イスラームとの神学的対決における明白にキリスト教的なものを総括する。彼は、イスラームの信仰箇条にも、イエス・キリストに対する信仰告白が表現されているのが見出される箇所が存在するとして、以下のように言う。「聖霊によって宿り、処女マリアから生まれ、ポンティオ・ピラトの命令で十字架に付けられ、死んで、葬られ、陰府に下ったのち、三日目に死者からよみがえり、天に昇り、全能の父なる神の右に座している方、そしてそこから、生者と死者とを裁くために来られる方としてのイエス・キリスト、われわれの主の唯一の子に対して」[73]。ルターによれば、ここには、明白にキリスト教的なものが力を発揮しているという。「なぜならば、この箇条こそが要なのだ。すなわち、この箇条によってわれわれ自身がキリスト者と称し、福音によってこの箇条へと召され、洗礼を受け、キリスト教徒の仲間へと数えられ受け容れられ、さらにこの箇条によって聖霊を、そして罪の許しを、その上、死者からのよみがえりと永遠の命をも受け取るのである。さらにこの箇条は、われわれを神の子とキリストの兄弟となすのであり、その結果、われわれは永遠に彼に等しくなり、共同相続者となるのである」[74]。キリスト教神学の核心としての〈キリスト論的〉信仰告白は、本来的な識別標識であり、キリスト教信仰の「岐路」である。なぜならば、ルターは以下のように続けているからである。「われわれの信仰がこの世の他のあらゆる信仰から区別されるのは、この信仰箇条によってだからである。なぜならば、ユダヤ人はこれをもっておらず、トルコ人もサラセン人も同様だからである……」[75]。キリストへの信仰告白がキリスト教の中心的な信仰表明であるのに対して、イスラームの側はこの基本的な告白を非難するゆえに、マルティン・ルターにとっては、キリスト教とイスラームとの間に複数の神学上の共通性が存在することは想定しにくい。その結果、それらは次のようなただ一つの信仰表明に限定されることになるのである。「いかなる信仰深いキリスト者の心であれば、このようなキリストの敵に対して恐怖を抱かないですむだろうか。なぜならばトルコ人は、ただ一つ、死者の復活以外には、われわれの信仰箇条のいかなるものも存続させないことを、われわれは知っているからである」[76]。

　コーランにおいてイエスが享受しているあらゆる評価にもかかわらず、イエスが神の子であることが否定されているのは、ルターによれば憂慮すべきことである。「……彼〔ムハンマド〕はキリストとマリアを、彼らだけが罪なきものであると大いに賞賛してはいるが、しかしながら、彼〔キリスト」についてはエレミヤやヨナのような聖なる預言者以上にはみなしておらず、彼が神の子であり正当な神であることを否定しているのだ[77]」。

イエスが神の子であることにコーランが反論していることは、疑問の余地がない。コーラン四章一七一節に以下の一節がある。「啓典の民よ、お前たちはお前たちの宗教において度を越してはならない。神についてはただ真理のみを言え。キリスト・イエス、マリアの子はただの神の使徒であり……[78]」。同様にイエスの磔刑も疑問に付されている。「われわれはキリスト・イエス、マリアの子、神から遣わされた者を殺した」と主張するユダヤ人――こうコーランではなっている（コーラン四章一五七節）――に対して、コーランは以下のように説明する。「しかし彼らは彼を殺したのでもなく、また彼を十字架につけたのでもない……」（同所）。われわれの考えるところでは、まさにここに、マルティン・ルターがイスラームをかくも否定的に評価した根拠としての決定的な神学的要素が存在しているのである。というのも、ルター個人にとって彼の生の意味の中心であると同時に彼の神学の核心となるのは、イエスの十字架上での死に根拠をもつ〈十字架の神学〉（theologia crucis）だったのであるが、この十字架の神学は、神学自らが十字架での苦難という状況に歩み入ることによる実践的遂行に根拠をもつとともに、内容的には、十字架につけられた者としてのキリストによって父なる神を認識することへと導かれることに根拠をもつものである。このことに対するいかなる根拠をも、コーランは示したことがないし、示さない。「そこではキリストが救済者でもなく、救い主でもなく、主でもなくて、罪の赦しも恩恵も聖霊もないのである[79]」とルターは訴えている。「そこでは、父も子も聖霊も洗礼も礼典も福音も信仰も、さらにあらゆるキリスト教の教義と制度がなくなってしまう。そしてキリストの代わりに、自分の活動についての自分の教えと、とりわけ剣について自分の教えをもつムハンマド以外には、何もなくなってしまうのである。これがトルコ人の信仰の主要部分である……[80]」。

にもかかわらずマルティン・ルターがイスラームに肯定的な側面を見出しうる場合、それらは、いろいろな方面で彼に模範的に見えるムスリムの態度に関わるものである[81]。しかしながら、結局これらすべては、彼にとって積極的な業による義化の領域に陥ることになり、「虚栄のみせかけであり役には立たないのである[82]」。ルターは言う。「なぜならば、汝はこれらの断片にも汝のキリストを見出すことはないからである。このような見事なものが何に役に立つといって、それはキリストの外にありキリストに反対するものではないか[83]」。

(e)　イスラームへのルターの関心——回顧

マルティン・ルターにとって当時のいわゆるトルコの脅威は、それまで彼が無関係であったイスラームという一大事件に取り組む出発点となった。彼はコーランを自ら手に取って調べることを長いこと切望し続けていたと、一五四二年に、彼が一三世紀の東方宣教師モンテ・クルチスのリコルドゥスの『サラセン人の法に対する駁論』を翻訳した際に、その序文に記した。[84] すでに一五三〇年に彼は、ぜひコーランを読んでみたいと表明している。[85] しかしながら、それが果たせたのは、彼自身の記録によれば一五四二年の懺悔の火曜日（二月二一日）のことであった。「ようやく今、懺悔の火曜日にコーランをラテン語で読んだ。しかし翻訳がまことに悪いので、もっと明確なものを読んでみたいものだ」。[86] つまり、われわれがルターの記述を正しく理解しているとすれば、彼は一五四二年に初めてラテン語訳コーランを手にとって読んだということになる。明らかにもっと早くから彼はコーランのラテン語写本を所有していたか、少なくともそれの抜粋を所有していたということが、一五二九年の『トルコ人に対する戦争について』の記述から判明する。そこにはこう記されているのである。「私はムハンマドのコーランの断片をもっている。これはドイツ語では、説教集または綱要と呼べるだろう。つまり教皇の教令集のようなものである」。[87] さらに付け加えて記す。「私に時間ができれば、ぜひともこれをドイツ語にしなければならない。これがいかに堕落して罪深い書物であるかを、誰もが分かるようにするためである」。[88] これは実現されることのなかった計画ではあった。こうしてわれわれは、なぜ彼が一五二九年ではなくて一五四二年になってはじめてコーランの読解に取り組んだのか、という問いに直面することになる。四〇年代の冒頭に再び差し迫ったものとなったトルコの脅威——一五四一年九月二日にブダペストが占領された——が、今こそコーランに取り組もうという決意をルターに引き起こしたのだろう。こういう推測が成り立ちそうである。一五四一年一〇月一一日に彼の『トルコ人に対する祈りへの訓戒』(Vermanunge zum Gebet Wider den Tuercken) が公刊され、一五四二年の懺悔の火曜日のこととして、「今」彼がコーランを読んだ、という記述にわれわれは接するのである。コーランを自ら読んだことで、ルターのイスラームに対する論駁は厳しさを増した。自分でコーランを読んだ後には、上述のリコルドゥスによる描写が本当にイスラームについての信頼すべきイメージを提供しているのか、という疑念は払拭され、ついに「この兄弟リヒアルト〔リコルドゥス〕は彼の本をでっちあげたのではなくて、まったくそのとおりなのだ」[89]という認識に至る。一五三〇年にはまだ彼の判断はまったく異なったものであった。当時彼によって公刊された『トルコ人の儀礼と習慣についての小著』(Libellus de ritu et moribus Turcorum) の序文から判明する所では、彼はイスラームについての二つの書物、すなわちリコルドゥスのものとニコラウス・クザーヌスの『コーランの精査』を知っていたのである。[90] しかし、この両方の書物について彼はまったく否定的な判断を下していた。単純なキリスト教徒を脅してイスラームから遠ざけるのが、この書物の意図だというのであった。[91] この両著は、コーランの最も嫌悪すべき箇所の抜粋集であり、憎しみの証言とイスラーム論駁の無能性の証言集にすぎないというのであった。[92] しかし、本来はこの告発が不当であり、リコルドゥスにもクザーヌスにも妥当しないということについて、ここではこれ以上立ち入ることができないし、議論するつもりもない。目を引くことは次のことである。十二年後、ルターがリコルドゥスの著作をドイツ語に翻訳する作業に取りかかった時には――それは一五四二年の懺悔の火曜日以降、つまり彼が自らコーランを読んだ後のことである――彼がいかなるこの種の非難も、もはや口にしなくなったことである。むしろその反対に、教皇的ではないかと、ルターが以前に疑っていたことを、今や彼はコーランのなかに確かに見出したのである。[93] ルターの言い分では、これまで誰も、「ムハンマドの信仰がいかなるものであるかを知ろうと努めたことがなく、ただムハンマドはキリスト教信仰の敵であるということだけで満足していたのであり、どこでどのように〔そう言っているのか〕ということの詳細が明るみに出されたことはなかったのであるが、これはぜひとも知っておくべきことなのである」[94]と。しかし、このルターの驚きは、彼がこの問題全般について〔それまで〕ほとんどなじみがなかったことを示しているのである。

マルティン・ルターがリコルドゥスの著作はドイツ語に翻訳したが、クザーヌスのそれは翻訳しなかったのはなぜか、という理由を確認することは困難である。ルター自身はこの根拠として、「この本をドイツ語にすることは有益であり必要である（なぜならばよりよいものがないので）[95]」と見なしたとしている。しかしこの根拠づけは、ことがらそのものから考えると、正当ではない。なぜならば、クザーヌスの『コーランの精査』は、徹底的で詳細なコーラン研究の成果であり、同時に、キリスト教とイスラームとの間に理解の橋を架けて、コーランからキリスト教信仰への〈手引き〉(manuductiones) を提示しようとする試みであって、――一四五三年のコンスタンティノープル陥落以降の緊張した状況を考慮すれば――この書物こそこの論争にはふさわしいものであり、意図されていた護教論として模範的な文書なのである——当時の反イスラーム文献のなかでは。イスラームがキリスト教信仰に示していた態度の——ルターの表現を用いれば——「どこでどのようにということの詳細[96]」を知るためには、クザーヌスの『コーランの精査』はルターにとって価値ある助けになったはずであり、そうすれば彼は、イスラームに対する均衡のとれた態度に到達できたであろう。しかしながらマルティン・ルターは、オスマンの脅威を根拠として、政治的には当時のトルコ敵視に同調し、神学的にはイスラームを教皇的な色合いをもった業の宗教と断罪したので、クザーヌスの著作のような、キリスト教とイスラームとの間の協和と和解を求めて努力する著作は、ルターにとっては歓迎できないものであったのだろう。彼にはおそらくニコラウス・クザーヌスも、「教皇のヘラクレス[97]」として疑わしい人物であったのであり、それだからこそ彼は、一五四二年にはもはやクザーヌスに言及しなかったのだろう。

コーランを自らが読んで以降に不動のものとなったイスラームに対するルターの嫌悪は、かつて一五三〇年にはまだ激しく攻撃していたリコルドゥスの書物を、今やすすんでドイツ語に翻訳するという帰結をもたらした。

彼は自分のこの行為を次のように根拠づけた。「ムハンマドの信仰がいかに罪深い信仰であるかがわれわれドイツ人の間で認識されて、そのことでわれわれが自分のキリスト教信仰において強められるように[98]」。一一四三年にケトンのロベルトゥスがペトルス・ウェネラビリスの委託によって完成させたコーランのラテン語訳をこの時代になって印刷本として公刊することの可否について論争が行なわれた際、ルターは一五四二年一〇月のバーゼルの市参事会に宛てた書簡において、印刷本刊行に賛成したのだが、その時に彼は上で述べたのと同じ意図によって左右されていた。「ムハンマドまたはトルコ人に対して〔直接に〕厄介なことをするのではないが、もっと多くの損害を与えることができる(もちろんあらゆる武器を用いればもっと多くなるが)ということが、私をその気にさせました。なぜならば、彼らのコーランがキリスト教徒の間で白日のもとにさらされれば、その翻訳のなかで、この書物がいかに虚言と作り話と残虐さに満ちた、のろわしく罪深く疑わしいものであるかを、彼ら〔キリスト教徒〕が知ることができるようになるからです」[99]。彼の調停が根拠となって、最終的に一五四三年一月一一日、この印刷本は完成した[100]。マルティン・ルターはそれに序文を書いたのである[101]。

(f) 要約

まとめてみよう。マルティン・ルターのイスラームとの対決は、本質的に以下の二つの要素に規定されている。

(1) それは、当時のヨーロッパにおけるムスリムであるオスマン・トルコ人による軍事的脅威に影響されている。

(2) それは、実存をかけて決着がつけられた彼自身のローマとの対立の全面的な影響の下にある。

この心理的重圧から、すなわち、外からの軍事的圧力と内からの神学的かつ感情的な衝動によって、ルターの激しいイスラーム批判は説明がつく。教皇制とイスラームとの並置が——フィオレのヨアキムの場合にはまだ幻視であったが、ルターの場合には現実であった——致命的に作用した。というのも、これによってルターは、当時歪曲され戯画化されていたローマ・カトリック教会像を彼一流の先鋭化するやり方でイスラームに投影し、それを教皇的な色合いをもつ、業による義化を説く宗教としておとしめたのだからである。

イスラームを終末の時のアンチ・キリスト的な権力として解釈するルターの態度は、イスラームに固有の信仰の根源性と創造性に対して彼が視線を向けることを妨げることとなった。彼の視線はむしろ、イスラームとの神学的な対決において決定的にキリスト教的なものとしての十字架の神学に集中されたのである。

VII　啓蒙の時代

一　理性という規準と人間性という試金石

一八世紀の中頃から西ヨーロッパで使われるようになった啓蒙という概念とともに、キリスト教とイスラームの歴史にも新たな段階が始まった。

自律的な理性の名をもって社会ならびにそれの伝統と価値観念に対してなされた批判は、キリスト教の前でも立ち止まることはなかった。教義と伝統への結びつきが緩んだことによって、キリスト教もまた、最高原理としての理性の前で釈明することを余儀なくされた。キリスト教の信仰告白が多様であることは、それらを超越するものとしての一つの宗教を探求することのきっかけとなったが、この宗教は統一の原理としての共通な人間理性に基づいて成立するものだとされた。こうして寛容の理念が支配的になった。この理念の精神的な諸根源がはるか過去にさかのぼるものであるとしても、これはこの時代にはじめて広範な影響力を獲得したのである。

『啓蒙とはなにか』[1]という問いに対して、一七八四年に以下のような印象的な表現で答えたのは、インマヌエル・カント（一七二四－一八〇四年）であった。すなわち、「啓蒙とは人間がみずからに責めのある未熟状態から脱却することである。未熟状態とは、他人の指導なしにみずからの悟性を使用する能力のないことである。この未熟状態がみずからに責めのあるものであるとは、この状態の原因が悟性の欠如にあるのではなくて、他人の指導なしにみずからの悟性を使用する決意と勇気との欠如にある場合のことである。したがって、あえて知れ！（*Sapere aude.!*）汝自身の悟性を使用する勇気をもて！　これこそが啓蒙の標語である[2]」。

付論　「満足していない啓蒙[3]」

「人間がみずからにその責めのある未熟状態を脱却するという啓蒙の要点を、私は主として〈宗教上の事柄〉においた。……[4]」とカントは書いているが、その理由は、彼の考えによれば、この領域での未熟状態が「もっとも有害であり、したがってまたもっとも恥ずべきものだからである[5]」。

聖職者が自分の職務に従って「教会の代弁者として説くところのものは、彼がそれに関しては自分の考えに従って説く自由な権能をもたず、ただ規定通りに他者の名において講述するように任命されているものであるとして、彼によって提示される[6]」のであり、かつその場合、少なくともそのなかに彼は、「自らの内なる宗教に矛盾するものを見出さない[7]」かぎりでのことである。もしそれを見出す場合には、「彼は良心をもってその職を司ることができないであろうし、彼は辞任しなくてはならないであろう[8]」。

これに反して「自分の理性を公的に使用する」神学の学者としては、聖職者である彼も、「自分自身の理性を使用し、自分自身の人格において語るという」完全な自由を有している。「なぜならば、（宗教上の事柄についての）民衆の後見人たるべき者たち自身も、またもや未熟状態にとどまるべきだとすることは一つの不条理であり、この不条理は〔他の〕もろもろの不条理を永続化させることになるのである[9]」。それゆえにカントは次のような思想を見出すことになる。「最高後見機関に教区構成員のひとりひとりをたえず監督させ、この人々を介してさらに民衆一般を監督させ、かくしてこの監督機関を永続化させるために、教会会議〔という聖職者の集団〕がある種の不変な信条に対して、互いに宣誓によって義務を負いあうということは正当なことではないのか。私は言う、断じて不可能である、と[10]」。なぜならば、後に続く幾世代にも啓蒙を断念させるということは、「人類の有する神聖なる権利を傷つけ踏みつけること」だからである[11]。

カントが二百年前に理性の名をもって説得力ある仕方で注意をうながした問題は、今日でもなお解消されていない。教会という形で構成されているキリスト教の聖職位階制度は、研究と学説の分野においてさえも、（キリスト教）神学の内部で教会制度に則った既成の教説と調和する事柄であると自らが見なすものだけを容認するのである。こうして聖職位階制度が自己を教会伝統の保護者と自認しているかぎり、研究と学説の自由という要求は、この伝統によって制限されている。

イスラームはこのような批判的問いかけの挑戦を受けたことがまったくない。したがってイスラームはこれを、イスラームが想定している信仰と学知における一致を破壊するものとしての、西洋の思考範疇にすぎない、との烙印を押して、コーランの無比なる知へと引きこもっている。[12] イスラームの神学者と法学者にとっての課題は、コーランと伝統のなかに保管されてきた〈信仰に基づく知〉を注解することであるし、これからもそうあり続けるだろう。

キリスト教においてもイスラームにおいても、かつてカントによって提起された問題――まさに研究と学説に関わるものとしての――は、今なお取り上げられてはいない。二つの宗教のいずれもがあくまでもそれぞれの前啓蒙的な立場に固執している。

それは別にして、啓蒙の雰囲気のなかで諸宗教についての新たな理解の展開が可能となり、それが経過するうちに、キリスト教ではない宗教としてのイスラームについて、新たな視点が現われた。この新たな視点は教会の主導権に基づくものではなく、学問的な研究に起因する衝撃に基づくものである。具体例として、ここではハドリアン・レランドを挙げよう。

二　ハドリアン・レランド『ムハンマドの宗教について』

ユトレヒトの東方言語の教授であったハドリアン・レランド（一六七六―一七一八年）は、一七〇五年に刊行した書物で一大センセーションを巻き起こした。[13]二部構成のこの本の第一部には『ムハンマド神学の綱要――アラビア語とラテン語による』が収められており、第二部には、イスラームについて当時流布していた伝説的な見知らぬことと並びに奇妙なことの数々が収められている。H・レランドはこれらに対して反論しているのである。

序文で彼は次のように記す。「諸々の宗教が、それの敵によって理解を示されないか、悪意のもとで否定されてきた……。[14]このようにして、ユダヤ教徒もキリスト教徒も異教徒から中傷されたのである……。[15]このようにして、ローマ〔カトリック〕教会に従わない諸教会はムハンマド教徒と同等に扱われたのである」[16]。レランドはこのような経験に断じてひるまない。彼は、長い歴史をもつ偏見や先入見に基づく断罪に対して、自分の意図を対置する。「それがいかなる状態にあろうとも、真理は研究されてしかるべきである」[17]。彼はこの格言を義務と感じている。それだからこそ彼は、偏見にとらわれないイスラーム理解に寄与しようとするのである。すなわち、彼はこう記している。「〔キリスト教以外の〕諸々の宗教は、キリスト教という宗教の代表者たちが錯覚しているほどに風変わりで味気のないものであるわけではないと、私はずっと考えてきた」。[18]なぜならば、神が「すべての人間に理性を与えた」のであり、このことは、個々人がどの宗教を信じているかということとは無関係なのである。[19]

確かにこのような立場から、この啓蒙の精神は語っているのである。それは、自らが受け継いだものであるキリスト教会に刻印された理解の地平を超えており、さらに教義的な絶対性の要求の彼方にある、新たな宗教理解へとそれを導いたのである。一面においてH・レランドはこの啓蒙の精神に開かれている。しかし他面において、彼が伝統的な反イスラームの論争におけるのとまったく同じ意味において、イスラームのなかにサタンのリストを見出すことが可能であると信じて、それを発見しさえすれば、キリスト教にとっての護教論にそれを利用することが可能であると見なす。この場合には、彼は再び後退してしまったのである。

レランドの本は、同時代に討論材料を提供することとなった。イスラームをそれ自身の自己理解に立って考察しようという彼の意図は、肯定的にばかり受け止められたわけではなかった。支持者と批判者とが交錯しつつ発言を求めた。カトリック教会はこの書物を、いわゆる親イスラーム的傾向の廉で禁書目録に入れたのである。[20]

三　レッシング『賢人ナータン』

ゴットホルト・エフライム・レッシング（一七二九―一七八一年）はこの時代の一七七九年に、『賢人ナータン』というドラマ形式の詩である〈指輪の寓話〉をもって、ユダヤ教、キリスト教、イスラームという、三つの大きな一神教を新たに定義しようと試みた。[21]

「計り知れないほどの価値のある指輪」――その上、奇跡を起こす能力をもつそれ――が何世代にもわたって遺贈されてきた、すなわち、父から息子たちのうちの最愛の者に。[22]

「さて、かような次第で、この指輪は息子から息子へと伝わりまして、
最後に三人の息子を持つ父親の手に入ったのでございます。
この三人は同じように父親に従順でございましたので、
父親の方もこの三人全部を同じように愛さずには
おられなかったのです」。

どの息子をも傷つけないように、父親は細工職人に二つの寸分たがわぬ指輪をこしらえさせた。職

人が指輪を彼のところに持参してみると、父親自身もオリジナルと他の二つとを区別できないほどの出来映えであった。これを宗教に応用すると以下のようになる。諸宗教がその儀礼において「衣服に至るまで、食べ物や飲み物に至るまで」互いに違いがあるとしても、根本においては違いがないのである。

「と申しますのは、すべては歴史に基づいておるのではございますまいか？――文書にいたしましても、伝承にいたしましても！　そして、
歴史こそは何と申しましてもただ一つ、信仰をもって
受け容れるべきものでございましょう？　そうではございますまいか。
ところで、人々が一番疑わずにおりますのは、いったい
誰の信仰でございましょうか？　自分の一族のものでございましょう？
やはり、自分と血のつながるものでございましょう？　やはり、
わたくしどもに、子どもの時から愛の証拠を与えてくれた
ものでございましょう？　欺いたほうがわたくしどものためになる場合のほかは、けっして欺かなかったものでございましょう？――
あなた様がご先祖をお信じになるよりも少ししか、わたくしが

自分の先祖を信じないことなぞどうしてできましょう？　その逆も同様でございましょう。
わたくしの祖先に反対しないために、あなた様が
ご自分の祖先を嘘つきだと非難なさるというようなことを、
どうしてわたくしがあなた様に要求いたしましょう？　その逆も同じでございます。
同じことがキリスト教徒にも当てはまるのでございます。そうではございませんか？――」

今や息子たちは互いに訴えあって、自分こそが父親からじきじきに指輪を授かった者であると、各人が裁判官に向かって誓言する。

「各々が断言いたしますには、父親が自分に向かって
嘘いつわりを言ったわけがない。さようなことで
あれほど愛する父親を疑いの的にするくらいならば、
むしろ兄弟を、いつもならばよろこんで彼らの
一番よい方を信ずる気は十分にあるのだが、
この場合には詐欺の責任者として咎めざるをえないし、
きっと裏切り者をあばいて、きっと復讐してみせる」

すでに亡くなっている父親が法院に召喚されることも不可能であるし、指輪そのものの違いが見分けられることも不可能なので、裁判官は息子たちを退席させようとする。しかしその時、裁判官に妙案が浮かぶ。

「だが待て！ 聞くところによれば、正しい指輪は、
それを持つ者を、愛されるように、神にも人間にも
好ましい者にする、そういう奇跡的な力を持つというではないか。
このことが決定を下さなくてはならない！ なぜならば、にせの指輪は
断じてそれができないのだ！——そこでお前たちのうち
二人は誰を一番愛するのか？——さあ、言うがよい！ 皆黙っているのかね？
指輪は内側に向かってしか働く力がないのか？ 外へは
働かないのか？ お前たちの誰もが自分自身だけを
一番愛するのか？——おお、そうだとすれば、お前たちは三人とも
欺かれた詐欺漢だ！」

指輪の真偽が識別不可能であるという事実を前にして、最後に残るのは、息子たちの各々が自分の

生き方をもって、自分の指輪の「力」を立証すべし、という忠告しかない。

「よかろう！
皆それぞれに、先入見にとらわれない
清らかな愛を求めて励むがよい！
自分の指輪の宝石の力を発揮させるよう、
お前たち皆が競争するがよい！
その力を、寛大とか、
善行とか、神に対する極めて熱烈な
帰依とかをもって、助けるがよい！」

この指輪の寓話でレッシングが言いたいことは次のことである。三つの指輪――三つの一神教のシンボル――はいずれも神の贈り物である。それらのいずれが本物であるのかという問題は決定不可能である。決定的なことは、指輪を帯びている者が自分の生き方においてそれをいかに扱うかである。自分の指輪から、つまり自分の宗教から発する力は、各人の生涯において見えるようになるはずであり、人間としての連帯、平和愛好、そして寛容という形となって、いわば「自らを啓示する」のである。そこに、三つの宗教のいずれに対しても、その信奉者が善事をもって競い合うことを要求するという、「神の啓示」の秘密が存在する。この思想に接するとわれわれはおのずと、次のような同じ方向を示しているコーランの一節を想い起こすことになる。「……たがいに競って善行にはげめ。お前たちがどこにいようと、神はお前たち全部をひとところに寄せ集められる。まことに神は全能であられる」(コーラン二章一四八節、また五章四八節も参照)。

レッシングによれば、この三つの宗教のいずれもが客観的な意味での「神の啓示」をいわば自発的に映し出すのではなくて、ユダヤ教徒であろうとキリスト教徒であろうとムスリムであろうと、人間自身が自己の信仰に則して生きる覚悟をしている限りにおいて、そうなるのである。宗教そのものは人生の成功の保証人であるわけではない。他ならぬ人間が、自分がそのなかで成長した自分自身の宗教に加勢をするのである——こうレッシングは心中を吐露している。すなわち、人間は自分のあらゆる行為によって人間としての真価を発揮することで、自分の宗教に説得力をもたせねばならないのである。この人間相互間における人間性という基準(Humanitätskriterium)が、この三つの宗教の相互理解の可能性だとレッシングには思われた。この三つの一神教の関係における決定的な基準は、それぞれの固有の信仰箇条でもなく前提となっている絶対性の要求でもなく、それぞれにおいて実行されている人間性である。宗教間の理解にとって決定的なことは、神学の理論的次元ではなくて信仰の実践的な有意性であり、教義ではなくて道徳であり、教説ではなくて生そのものなのである。(23)

レッシングは啓示を神による「理性のための教育の過程」と解釈することで、[24]人間性という基準の他に、諸宗教におけるさらなる関係要素にして社会形成要素として、人間にとっての「神の教育の過程」を強調する。これによって彼は、諸宗教を「歴史というある種の教育の一部」[25]と解釈する。この目的論的な過程の有する目的は、人間の道徳的自律である。なぜならば、レッシングの言うところでは、理性が人間に倫理的な生活様式を営む能力を賦与しているからである。伝統的な宗教的アイデンティティ並びに諸宗教の個性を互いに受容し合い、それに寛容に臨むことが、この過程の内部においては必須の前提である。[26]

この戯曲の最後である、異なった信仰を有する人間たちの間に成立する普遍的な宥和を扱う場面で特に、人間たちの間での平和は諸宗教のもとでの平和を想定している、という彼自身の確信をレッシングは表現している。[27]

四　宗教理解におけるパラダイム変換

啓蒙の知的な基盤はまずもって哲学のなかに探求された。[28]この理念の神学と教会への移植は大きな陣痛を伴った。[29]啓蒙の自明性は、最終的にどこまで宗教間の関係に作用したのであろうか。

キリスト教とイスラームとの関係で言えば、一六世紀の近代への過渡期には、両者の関係はおおむね厳しい対決のコースで特徴づけられていた。これの原因は、一つにはオスマン帝国の拡張する圧力によって西ヨーロッパが脅威を受けていたことであり、さらには、両方の宗教の間に具体的な意見交換が欠如していたことにある。ムスリムに関して当時のキリスト教徒がもっていた偏見に満ちた感情的イメージ並びにその経験と認識の水準は、まさに「トルコ人の脅威」という名称がふさわしいものであった。

啓蒙思想は、理性または人間性が諸宗教のあいだに相関性を生み出す要素である、という格律を定めたが、この格律と啓蒙思想そのものにより、具体的事象を超越した宗教理解が成立し、それにおいて、古くからの偏見が克服されえたのであり、さらにその結果として、宗教相互の寛容が成立するための基礎が創造されえたのである。この傾向は、イスラームとの知的出会いの変化において具体的に結露したのみならず、社会・政治的地平においてもそうであった。大王という称号をもつプロシア王のフリードリヒ二世（一七四〇－八六年）、玉座にある哲学者でもあったこの王は、その統治年代において啓蒙の理念を現実化した。ヴォルテール（一六九四－一七七八年）によって示唆を与えられた王の哲学は、自らの思惟に基づいて彼が自分の地位を「自己の国家第一のしもべである」[30]と解釈したことに明確に現われているし、また、諸宗教およびそれらの個別的信仰実践に関する彼の確信が以下のような有名な文章に要約されているのである。「あらゆる宗教が寛容に扱われねばならない。そして検事は、だれも他の人を非難叱責することのないようにだけ目を配るべきである。なぜならば、ここでは各人が自分なりの流儀で幸せにならねばならないのだからである[31]」。

Ⅷ 「植民地主義の影のなかでの宣教(1)」

近代のキリスト教宣教の時代の――ヨーロッパから出て行く形での――始まりとともに、イスラームとの司牧的実践的な出会いという新たな段階が始まった。一つの例として挙げるに過ぎないのだが(2)、フランスによる北アフリカの植民地化は、植民地主義の吸引力のなかで、何よりもムスリムを直ちにキリスト教に改宗させることが可能であるという希望を育んだ。しかしこれは、以下で明らかになるとおり、妄想のような希望にすぎなかった。なぜならば、フランス政府は〔植民地の〕内部的平和への関心から、イスラームを優遇したからである。ナンシーの司教シャルル・マルシャル・アルマン・ラヴィジュリー（一八二五－九二年）は一八六七年に、この間に大司教区に昇進していたここ〔ナンシー〕の大司教に昇り、一八八四年にはアフリカのカルタゴとプリマスの大司教も兼ねた。

彼はアルジェリアを、ブラック・アフリカ全体をキリスト教化するための跳躍台と見なした。これに先立つ一世代前に、イエズス会総会長P・ロートハーン（一七八三－一八五三年）が、アルジェリアから出発してアフリカ全体をキリスト教化するための独自の構想を立てたことがあった。教育を施す戦略や慈善を施す戦略のことごとくが展開されたにもかかわらず、北西アフリカのマグレブのムスリム住民は今日に至るまでキリスト教に対して門戸を鎖しており、そのことをもってイスラームは、自らが「改宗不能なブロック」[3]であることを実証している。シャルル・ド・フコー（一八五八―一九一六年）が現地でキリスト教徒として実際に生活することで自らがその証人となり、ムスリムの間に静かな存在誇示をした時、これは、確かにムスリムの側に敬意と容認とを見出しはしたものの、予期されたほどの宣教の成果は生まれなかった。プロテンスタント側の宣教活動は、一八八一年にカビール語地方に宣教本部が置かれたことをもって始まった。そこに由来するのが、国際的で超教派的な福音主義的ミッションとしての北アフリカ・ミッション（NAM）である。今では、これにアルジェリア宣教連盟と南モロッコ・ミッションも属している。

ヨーロッパの植民地主義の時代と、それに引っ張られた形でイスラーム世界全体で試みられたキリスト教宣教は、今日に至ってもなおトラウマとして影をおとしている。キリスト教側には、ムスリムのなかでの宣教活動の失敗から今なお立ち上がることができていないという事実があり、ムスリムの側には、いわゆるキリスト教的な権力による抑圧と搾取の爪跡が残っているという事実がある。アルジェリアは一八三〇年から一九六二年の間、チュニジアは一八八一年から一九五六年の間、モロッコは一九一二年から一九五六年の間、フランスの全権支配のもとにあった。ムスリムが幾世代にもわたって植民地主義的な帝国主義のもとで生活し苦しんできたのは、単にこの地でのみのことではない。

つまり、これらの時代のことを忘れてはいない今日のムスリムが、植民地化とキリスト教宣教とを接合させて、この彼らにとっては過去の厄介な重荷でしかないものを何とかして振り落とし、彼ら固有のアイデンティティーを取り戻そうと試みるのも、けっして不思議なことではないのである。

第二次世界大戦後の北アフリカ諸国が血を流しつつ闘いとった独立によって、第一の願いは満たされた。すなわち、占領国からの解放が、リビアにとっては一九五一年に、モロッコとチュニジアにとっては一九五六年に、アルジェリアにとっては一九六二年に達成された。こうしてイスラームが現実的にも実践的にも国家宗教となった。リビアでは法によって、直接的ないかなるキリスト教宣教活動も禁止されている。アルジェリア、チュニジア、モロッコでも同様である。モロッコでは、一九六三年に成立した憲法によって、いかなる宣教活動も非合法と宣言されている。一九六四年にバチカンはチュニジア政府と政教条約を締結したが、それによってローマ・カトリック教会が公式に容認されることとなった。またこれは、イスラーム国家とのこの種の協定として初めてのものである。

一九世紀の終わり頃に北アフリカ・ミッション（ＮＡＭ）によってマグレブ諸国で始められた宣教活動が、一九六三年にチュニジアで政府の決定により中断を余儀なくされた。メソジスト教会やいくつかの小さな集団は、限定された条件下でも活動を維持しようと努めている。マグレブ諸国に存在しているヨーロッパ人の文字通りの少数派は、名目的なキリスト教徒であって、今日では「キリスト教徒である外国人の教会を形成しており、彼らはそこの（国の）教書〔イスラーム〕の影のなかにひっそりと生活しているのであり」[4]、それの司牧活動はそれぞれの地域に居住している外国人の信徒によってか、それとも当地にとどまっている修道会司祭によって担われている。

ムスリムを早急にキリスト教化するという、キリスト教側で追求されてきた戦略は、開花していない。ムスリムのなかにキリスト教徒が存在しつづけていること——ムスリム側からはカモフラージュされた宣教活動と疑われる——も、キリスト教徒とムスリムの間の言及するに足るほどの歩み寄りには至っていない。キリスト教徒少数派は、いわゆる啓典の民として公式には特別の地位を享受しているが、しかしながらイスラーム的に方向づけられた国家において同等の権利が認められた市民であるわけではないし、これからもそうはなりえない。彼らは、イスラームの共同体（umma）の傍らで生きているということにすぎない。

最近の数年間は、イスラーム中心主義の潮流によってイスラーム諸国にいるキリスト教徒に対する圧力が強められており、具体的には、狂信的イスラーム中心主義者が、彼らの言うところの新たな「十字軍根性」を嗅ぎつける所では、至る所でそうである。

IX　歴史的・批判的イスラーム研究の始まり

宣教によってイスラームを克服することができるという、近代のキリスト教会の野望は達成されなかった。むしろ逆である。イスラームは、植民地化と関係させてムスリムの間にキリスト教についての新たな偏見をかきたてた。そうこうするうちに、世界宗教としてのイスラームと具体的かつ建設的に応酬し合う機会が、それも論争的で護教的な意図は抜きにして、教義的な要求とイデオロギー的強制からも解き放たれて応酬し合うという機会が失われてしまった。

この課題は他の人々によって開始されることになった。ようやく一九世紀の中葉から、そして二〇世紀の始めにイスラーム研究が勃興したのである。(1)

オーストリアのオリエント学者アルフレッド・フォン・クレーマー（一八二八—一八八九年）は、『イスラームの支配的理念の歴史』（Geschichte der herrschenden Ideen des Islam, 1868）および『カリフ支配下のオリエント文化史』（Culturgeschichte des Orients unter den Chalifen, 1865/77）という著作をもって、イスラームの文化史的考察を創設した。ドイツ人のオリエント学者テオドール・ネルデケ（一八三六－一九三〇年）は多様な分野に精通していたが、とりわけコーラン研究とセム語学に精通しており、特に『コーランの歴史』（Geschichte des Qorans, 1860）という、その後の基礎となる書物を残した。それは、フリートリッヒ・シュヴァッリーによって（一九〇九年と一九一九年に）大幅に補強され改善された版として、今なお基本文献となっている。(2) ハンガリー人のイグナツ・ゴルトツィハー（一八五〇－一九二一年）は、特にイスラームの教説の発展とイスラーム内部での論争がハディース文献の成立に与えた影響を研究した。彼の主要著作としては、『ザーヒル学派』（Die Zâhiriten, Lepzig 1884）、『ムハンマド教研究』（Muhammedanische Studien, Halle 1889/90）、『イスラーム講義』（Vorlesungen über den Islam, Heidelberg 1910）、ならびに『イスラーム教界におけるコーラン解釈の諸傾向』（Die Richtungen der islamischen Koranauslegung, Leiden 1920）がある。彼がその画期的な『ムハンマド教研究』およびその他多数の書物において試みたことは、「批判的歴史主義の方法をイスラーム全体に適用し、本質的には宗教的理念によってそれの展開が規定されているものである文化史的現象としてイスラームをとらえようとすることであった。(3) この端緒のゆえに、ゴルトツィハーはイスラーム学の創設者の一人と称されるに値する。オリエント学者にして一九二五年から三〇年にかけてプロシア政府の文化大臣をも務めたハインリッヒ・ベッカー（一八七六－一九三三年）も、ドイツ語圏におけるこの学問の自立に貢献した。彼は、イスラームがヨーロッパとアジアの間で媒介者としての機能を担ったことを強調しつつ、西洋の歴史像からイスラーム・オリエントを排除することに反対し、流布していた偏見に抗しながら、「イスラームをもっぱら経済活動に敵対的であるとみなすことは誤りであろう[4]」と指摘し、それをなべて宿命論的であると見なすことも同様であろうと指摘した。この関連で、オランダ人クリスティアン・スヌーク・ヒュルフロニェ（一八五七－一九三六年）の名も挙げるべきである。彼は、近東のイスラームに加えて、イスラーム化したインドネシアの歴史と社会についての認識をわれわれに得させてくれたのである。[5]

われわれの目下の関心との関係では、ドイツ人のJ・ヴェルハウゼン[6]やイタリア人のL・カエターニ[7]と並んで、さらに二人の人物が強調されてもよいだろう。すなわち、スコットランド人のダンカン・ブラック・マクドナルド（一八六三－一九四三年）とフランス人のルイ・マシニョン（一八八三－一九六二年）である。D・B・マクドナルドは合衆国に移り住んで、一八九二年以降は、同地のアラビア学とイスラーム学の代表者であったが、イスラーム神学についての研究に宗教心理学的な方法を適用することで名を成した。[8]L・マシニョンは早くからキリスト教とイスラームとの対話を呼びかけた人の一人である。[9]彼の研究の重点はイスラーム神秘主義にある。一九〇九年に、神秘思想家アル・ハッラージュ（八五七－九二二年）に関する彼の最初の重要な研究が刊行された。一九二二年には、彼の研究の総決算が四巻本で刊行された。『アル・ホサイン・イブン・マンスル　アル・ハッラージュ（イスラームの神秘主義的殉教者、九二二年三月二六日に処刑）の受難、宗教史研究[10]』である。

コーランのなかに散在する聖書的資料を究明したのは、特にハインリッヒ・シュパイヤーの功績である。『コーランにおける聖書的な説話』は、彼のこの点での研究成果を不動のものとしている。[11] 一九五八年にはフランス人のデニス・マッソンが、コーランの啓示とユダヤ・キリスト教的な啓示との比較研究を世に問うた。[12] 一九六一年にはジョルジュ・シュアド・アナワティ(一九〇五—九四年)とルイ・ガルデ(一九〇四—八六年)によって『イスラーム的神秘主義——諸側面と諸傾向、経験と技法』が刊行された。[13] G・C・アナワティは、ローベルト・カスパール[14]と同じく、バチカン第二公会議(一九六二—六五年)におけるキリスト教・イスラーム関係の問題における顧問であった。

この要約的な概観の最後に、今、刊行されているコーランのいくつかの翻訳について、二〇世紀のヨーロッパというコンテキストのなかで手短に言及されるべきだろう。一九三七—三九年にリチャード・ベルによって英語の翻訳がなされた。[15] 一九五五年には、アーサー・ジョン・アーベリの翻訳がそれに続いた。[16] この間の一九四五—五一年にレジ・ブラシエルがフランス語版を刊行して寄与し、[17] もう一つのフランス語訳はD・マッソンが刊行した。[18] 一九〇一年にマックス・ヘニングによって公刊されたドイツ語版は、アンネマリー・シンメルによって序文と注解が追加されて、一九六〇年に新たに出版された。[19] 注釈と語句索引をもった学問的に信頼性の高い翻訳は、かつてチュービンゲン大学のオリエント学者であったルディ・パレート(一九八三年歿)によって完成され、一九六六年に刊行された。[20]

ミュンスター出身でミュンヘン大学カトリック神学部宗教学科の主任教授であったアーデル・テオドール・コウリーは一九八七年にまずコーランの翻訳を出版し[21]、その後それは、学問的な注解を付した壮大な構想による十巻本として結実した[22]。

以上に素描した文化史的発展も、キリスト教神学と教会に対してはさしあたり何の影響も与えないままであった。公式の態度表明によれば、この分野にもようやく最近になって、いわば文化的な遅刻をともなって、転機が訪れた。一九六五年の第二バチカン公会議における「キリスト教以外の諸宗教に対する教会の態度についての宣言」が一つの里程標となっている[23]。

一九一〇年のエディンバラにおける世界宣教会議は、イスラームを視野に入れた問題設定をその宣教戦略で考慮してはいたが、しかしキリスト教に伝統的な絶対性の要求の潮流になお浸っていた。「エディンバラは主として、キリスト教が優越しているという自意識に基づく独白的な自己確認を助長した。他の諸宗教、とりわけイスラームは、それらが不十分なものであることをキリスト教と比較対照すれば、キリスト教の絶対性がますます明白に導き出される、という証明に利用されたに過ぎない[24]」。こうして世界宣教会議は、イスラームが不十分な宗教であるという何百年も前からの評価を越え出ることはなかったのである。この宗教の信奉者は反動的であると〔当時キリスト教側で〕主張されており、この反動性に起因してこの宗教は滅亡し、そのことが、キリスト教の文化的・道徳的な優越性のゆえの最終的な勝利をキリスト教にもたらすはずだ、というのが当時の支配的な見解であった。しかし、この期待されたことは実現されることがなかった。

エルサレムにおける一九二八年の世界宣教会議も、イスラームに関する神学的評価に本質的に新たな側面を導入したわけではなかった。[25] 同様に、タンバラン／マドラスでの世界宣教会議（一九八三年）[26]も、ウィトビー／トロントのそれ（一九四七年）[27]も、ヴィリンゲンでのそれ（一九五二年）[28]も、同様であった。たしかにここには、弁証法神学を宣教学に受け容れるというような、[29] 以前とは異なった神学的なニュアンスと力点の置き方が現われていたのではあるが、しかし、以下のようにして、キリスト教信仰とキリスト教ではない宗教との根本的な非連続性を強調することになったのである。「人間が設けたなんらかの宗教的システムが〝真の〟宗教を創造することはない。キリストの使信は、つまるところ人間が自力で救済を試みることを表現しているにすぎない諸々の宗教に対して、正反対に位置しているのである[30]」。

X　歩み寄りと隔絶の間——未解決の問題領域

これまで素描してきた歴史的負い目を背景にしながら、ようやく両方の宗教の間の歩み寄りがゆっくりと生じてきたという事実は明白である。[1] 過去が負わせた傷はあまりにも大きい。それは今なお癒されていない。長い伝統のなかで増大したキリスト教徒とムスリムとの間の感情的な障壁は、もう長いこと取り除かれていない。それどころか、ごく最近になって新たにかき立てられさえしている。こちら側にもあちら側にも、対話を避けようとする集団が存在する。[2]

そのなかで第二バチカン公会議（一九六二－一九六五）は、まったく異なった力点をおいた。この公会議によって、ローマ・カトリック教会にはイスラームに関して新たな方向づけが成立した。このために決定的だったのは、公会議でのこの問題に関する諸宣言であった。なかでも、「キリスト教以外の諸宗教に対する教会の態度についての宣言」のなかの、以下の文言である。

「……教会はムスリムをも尊重する。かれらは唯一の神、すなわち、自存する生きた神、あわれみ深い全能の神、天地の創造主、人々に話しかけた神を礼拝している。また、イスラーム教の信仰がすすんで頼りとしているアブラハムが神に従ったのと同じように、神の隠れた意志にも全力を尽くして従おうと努力している。かれらはイエズスを神と認めないが、預言者として尊敬し、その母である処女マリアを称賛し、時には敬虔に彼女に祈る。かれらはさらに、よみがえったすべての人に、神が報いを与える審判の日を待っている。したがって、かれらは道徳的生活を尊び、特に祈りと施しと断食によって神を礼拝している。

諸世紀にわたる時代の流れにおいて、キリスト教徒とムスリムの間に少なからざる不和と敵意が生じたが、聖なる教会会議は、すべての人に過ぎ去ったことを忘れ、互いに理解し合うよう、まじめに努力し、また社会正義、道徳的善、さらに平和と自由を、すべての人のために共同で守り、促進するよう勧告する(3)」。

一見したところ、この宣言は最小限のものであるように見えるかもしれないが、第一に、一にして唯一なる神への信仰と、第二に、よみがえりと審判を共に待ち望んでいるという、キリスト教とイスラームとの間に存在する共通性を強調したこの陳述は、大きな意味を有している。第三に、アブラハムへの慎重な論及も、この二つの宗教を繋ぐ可能的な手段と評価されうるかもしれないし、さらに第四には、マリアへの言及がある(4)。ただし、唯一の神への信仰告白と並んで、イスラームの信仰告白における第二の本質的な要素であるムハンマドの使命に対するムスリムの信仰、「神のほかに神はおらず、ムハンマドは神の使者である」は、明白に考慮の外に置かれた。

双方の宗教の信仰上の相違は、たとえ従属文においてであったとしても、以下の点であからさまになっている。すなわち、ムスリムはイエスを神の子として礼拝することはないが、預言者としては礼拝しているであろう。とはいえ、彼の十字架上での死がコーランで否定されていることは、言及されないままになっている（コーラン四章一五七節以下を参照）。

祈りと施しと断食による神の礼拝への論及は、イスラームの神義論の本質的なことをかろうじて表現している。例えばコーラン二章一七七節は以下のように説いている。「敬虔とは、神と終末の日と天使と啓典と預言者たちを信じ、親族、孤児、貧者、旅人、乞食に対して神への愛に基づき金銭を与え、奴隷と捕虜の身請けのために金銭を費やし、祈りの務めを守り、公課を支払うことにある」。イスラームに関する宣言の本来的に建設的な部分は、その最後の段落にある。なぜならば、対決と相互の戦いに刻印された過去を脇に置こうという訴えは、それが相互理解を成立させるために努力し、社会的正義と道徳的価値の実現ならびに平和と自由の実現のために共に尽くすことを目的とする限り、善意を有するあらゆる人間に賛同されねばならないものだからである。

第二バチカン公会議はすでに『教会憲章』において、次のように確認していた。「神の救いの計画は創造主を認める人々をも包容するものであって、そのような人々のうちには第一に、アブラハムの信仰を保っていると主張し、最後の日に人々を審判する唯一の慈悲深い神を、われわれとともに礼拝するムスリムが含まれる」[5]。こうして公会議というものがイスラームと初めて〈肯定的に〉対決し、イスラームと対話に入るための第一歩を踏み出したのである。この発意は、その後、何の効果ももたらさなかったわけではない。たくさんの協議や出会いが——かなり高級なレベルでも——成立した。すでに一九六四年にパウルス六世が、キリスト教徒とキリスト教徒ではない人々との対話の用意を促進するために、非キリスト教徒連絡事務局（現在は諸宗教評議会）を設置した。この事務局は、自らもアフリカとアジアにおけるキリスト教徒とムスリムとの集会と出会いを組織するのに力を貸した。最近ではヨアンネス・パウルス二世教皇が度重なる外国旅行において、キリスト教徒とムスリムとの関係についての自分の意見をくりかえし述べてきており、この対話に対して無条件の用意があることを表明している。この教皇がキリスト教とイスラームとの対話への根拠ならびに両宗教の共同作業の可能性を見出している点は、キリスト教徒もムスリムも、「人類のあらゆる権利と価値の源泉」[6]としての一なる神に対する信仰において一致するという、根本的な共通性である。

プロテスタントの世界でもイスラームに対する関係は根本的に変化した。世界教会協議会のレベルでも一九六七年に、他の諸宗教ならびに諸信条との交流における対話方針が設定された。その十年後には、さらなるキリスト教徒とムスリム間の対話の勧めが文章化された。その結果、一九八二年にはスリランカのコロンボで世界教会協議会（本部はジュネーヴ）の第一回公式対話が、イスラーム世界協議会（本部はカラチ）との間で実現するにまで至った。これは一つの例示にすぎない。

こうして、二つの大きなキリスト教の宗派がイスラームとの関係で公式に新たな力点を置いたのである。これらの宗派で生まれた相互対話への用意は、その後、自己の陣営からの批判に遭遇することになった。この批判は、それぞれの側のとりわけ原理主義的なグループのなかで急速に表現されるようになり、また、ひそかな潮流として根を張っているものである。

これらの教会による公式な発議を別にしても、ドイツでは多くの場所でキリスト教徒とムスリムが、キリスト教的－イスラーム的社会をともに見出してきた。しかしながら、これらがどのくらい効果的に機能しているかは、今日まで未だ答えが出ていない問題である。未解決の問題と言えば、ドイツ連邦共和国の社会におけるムスリムの広範囲にわたる隔絶とゲットー化がある。近年は、多くの人々に懇願されている統合——何十年も放置されたあげくの——が議論の的になっている。なぜならば、トルコ出身者が大半を占めるムスリムが、長い時間をかけてわれわれのところに定住しており、ドイツ社会の確固たる構成要素となっているし、これからもそうであることが明らかになったからである。われわれの同国人として、彼らにも自己の信仰を生きる可能性が容認されるべきであることは当然である。その前提としては、まず第一にモスクの建設がこれに属する。これは、この間、教会からは是認されているが、住民の間ではくりかえしつまずきの石となっている。同じくこれに属することは、ドイツ語の学校でイスラームを正規の宗教の授業として教えることである。ごく最近になって、この問題をめぐる論争が活気づいている。ムスリムのさまざまな集団が、ムスリムである子供たちのために、正課としての宗教の時間を実現しようと、長いこと努力して来ている。彼らはこの間、キリスト教の教会の支援を受けつつ、この問題の速やかな解決を望んでいる。ドイツにおける憲法の規定が見込んでいることは、基本法〔憲法〕と一致する宗教の授業ならば、それぞれの宗教共同体に許されるべきだということである。周知のようにこの国には、すべてのムスリムを代表し法的拘束力をもって彼らのために発言できるイスラーム団体は存在しないので、この国家には権威ある対話相手が欠けているのである。しかし、文化政策に責任を有する個々の州が、ムスリムである子供たちに正課としての宗教の授業を配当するべく、それぞれ異なった道を歩んでいる。文化大臣会議〔連邦内の諸州の大臣が集まって文化政策を調整する会議〕はすでに一九八四年三月二〇日に、ドイツ語の学校にイスラームの宗教の授業を導入するための七つのモデルを含む報告を提出している。実際には、次の三つのモデルが実践されている。

（1）宗教誌的な授業。宗教共同体に正式に関与することなく、諸州の文化政策の責任でさまざまな宗教や世界観についての知識が伝えられる。

（2）イスラームの宗教としての授業。このモデルに従うと、母語〔ドイツ語〕の授業の枠内でイスラームの授業がなされる。この場合、授業は母語を話す教師によって担当される。この教師たちはドイツ側の連邦各州の文化省によって採用されるのだが、彼らには彼らの祖国（トルコ）の教材と教案が支給される。

（3）　ムスリムを代表する法的な対話相手との協力のもとにある、正式な教科としてのイスラームの宗教授業。

この最後のモデルからは、すでに述べた問題が生じている。なぜならば、この国のイスラーム宗教共同体には多様な特色を有する多くの流れが存在するからである。さらに明らかにしなければならない課題は、将来のムスリムの教師はドイツの教員免許資格を満たすために、いかなる大学教育をドイツの大学で修めねばならないか、ということである。それに加えて、わが国における大学の専門教育は、イスラームの宗教教育のための講座の開設を前提とすることになる。

耳を傾けるべきことには、カールスルーエはこの点で先進的な役割を果たすはずであり、ムスリムである教師に学校における彼らの任務の資格を付与することになっている。

イスラームの宗教授業を導入するための考慮に値する計画は、すでに「マンハイム・イスラーム同盟」が提示しており、それは以下のような要点からなっている。

（1）　授業はドイツ語でなされるべきである。なぜならば、ムスリムの子供のすべてがトルコ語を母語としているわけではないからである。さらに、ドイツ語が統合のための原動力を提示することになり、同時に〔ドイツ語で行なわれる〕この授業は一般の関心をもつ人々も聴講できることになる。

(2) 授業計画はドイツ国内で開発されるべきである。この点ではノルトライン・ヴェストファーレン州で開発されたカリキュラムが援用可能である。これは公認のイスラーム諸機関の同意をすでに得ているものである。

(3) 〔この授業についての〕学校教育上の管理は、キリスト教の教会による科目の管理を手本とされるべきである。

カールスルーエのトルコ総領事館が同意しなかったので、その後この計画は撤回された。

かくして、ドイツ語の学校におけるイスラームの授業をめぐる議論は、さらに続けられることになっている。

もう一つの問題領域を提示しているのが二重国籍の件であるが、これの導入は赤・緑連立政府〔社会民主党と緑の党の連立政権〕によって強行的に進められつつある。この問題に対して教会はすでに一九九七年に、「汝の戸口に立つ異邦人」というタイトルをもつ『共同発言』(Gemeinsame Worte) において、前向きの態度を表明している。「国籍取得の簡略化を実行する時である。そのためには、血統の権利の原則を出生地の権利の原則に付加することが有益であろう。そうすれば、期限なしの滞在許可を有している両親の子どもは、生まれると自動的にドイツ人になることができる。国籍取得のための法律上の請求権は拡大されるべきであり、そのための期限は短縮されるべきである。二重国籍は、出身国と移住国であるドイツの両方に強いつながりを有する人間に対して、さらなる統合の見通しを提供することになる」。こう教会は述べている。(7) 初期の計画を変更する過程で、内務省は法案を練り上げた。それは、ドイツに三〇年以上住んでいる外国人は二重国籍の取得を考慮に入れることになり、外国人の子どもでこの国に生まれた者は期限つきの二重旅券が与えられる、彼らは二十三歳までに二つのうちのいずれかの国籍を選択する、というものである。

しかしながら、二重旅券の取得が統合の問題を解消するわけではない。ドイツ人とトルコ人との相互の隔絶、キリスト教徒とムスリムとの相互の隔絶は、正式に国籍を取得することで除去されうるよりも、もっと深いものがある。例を挙げてみよう。もしマンハイムの小学校のムスリムである児童が、宗教的理由から非ムスリムとの友人関係を止めるとすれば、そういう場合にどうしたら統合が促進されるだろうか。やましいところなくともに暮らすことが、信仰が根拠となって妨げられている場合に、二重旅券が何の役にたつだろうか。児童が午前中はドイツ語の学校にいて午後はトルコ人の家庭にいるという、二つの文化内での社会化がその両親たちによって継続されている場合に、二重旅券は何を目的とするというのだろうか。ドイツにせよ、児童のほとんどがただ耳で聞いて知っているにすぎないトルコにせよ、このいずれも彼らの故郷ではないことは、子どもも大人も嘆いているとおりである。このジレンマが、二重国籍によって、いわばいきなり解決できるとするのは、政治的な謬論である。

メンタリティーの大きな相違が互いの親近感の醸成を阻害しているかぎりは、二重国籍問題に焦点を絞った統合政策は空回りするだけだろう。

頭巾（スカーフ）をめぐる厄介な議論は、このところ――フランスのみならずわが国でも――人々の感情をかきたてている、もう一つの問題領域である。バーデンヴュルテンベルグ州文化省は（一九九八年に）、あるムスリムの女性が宗教的理由をもって頭巾をかぶることを主張しつづけたので、彼女が公立学校の公務に就くことを禁止した。彼女自身が頭巾に付与している高い宗教的象徴の価値は、彼女がアフガニスタン出身であるということに由来しているのであろうが、コーランの文化史的発展とコーランによるいわゆる許可（コーラン三三章五九節、二四章三一節）に相応しているものではない。また、それが「ムスリムのアイデンティティー」に属するものでないことも、ファテマ・メルニッシが記しているとおりである。(8) むしろ、それは地域的に限定された現象であり、東南アジアのイスラームはこの問題を経験していない。そこには一億人以上の、つまりアラブ地域の三倍以上のムスリムが生活しているのであるが。(9)

この地域（西ヨーロッパ）に存在する、これまで述べてきたさまざまな問題領域にもかかわらず、以下のことは言えよう。目的にかなった行動パターンというよりもむしろ状況依存的なスナップショットともいうべき日々の政治的潮流のすべてに逆らって、キリスト教徒とムスリムとの対話が、おそるおそる進められてきている。この対話は、――いかなる次元のそれであろうと――毅然としてさらに続行されねばならない。

教会によって促進されているキリスト教徒とムスリムの歩み寄りをめざす努力が、潜在的な隔絶戦略によって犠牲にされることがあってはならない。キリスト教徒とムスリムが同一の社会に共に生きている場には、対話と協力と共同作業以外の選択は存在しないのである。

訳者あとがき

本書は Ludwig Hagemann 著、*Christentum contra Islam, Eine Geschichte gescheiterter Beziehungen* (Darmstadt 1999) の翻訳である。

一九四七年生まれの著者のハーゲマンは、一九九二年以来、ドイツのマンハイム大学カトリック神学部で組織神学と宗教史を担当する教授を務めているが、早くから中世のラテン・キリスト教界における反イスラーム論に深い関心を抱き、哲学、神学、アラビア学ならびにイスラーム学を、フランクフルト、チュービンゲン、ミュンスター、ベイルート、カイロの諸大学で修めた。同時に、カトリック教会の司祭として司牧活動に携わっていたこともある。彼の学術活動が、上記のような深い学識を基礎として広範囲に及んでいることは、本書巻末の文献表が示すところであるが、そのなかでも中心に位置する業績は、ニコラウス・クザーヌスの『コーランの精査』の校訂版を作成し、ハイデルベルク版クザーヌス全集第八巻に収めたことであろう。これは、アラビア語とイスラーム学についての深い造詣を有し、かつ実際にイスラーム世界との交流を有する彼ならではの仕事である。

さて本書は、キリスト教とイスラームとの関係が、将来実り豊かなものに転換することを念願しつつ、その関係が成立した中世から二〇世紀の終わりまでの不幸な歴史を研究したものである。この分野を扱った書物は日本にも少なからず存在するが、しかし、それらの大半は歴史的視点、文化史的視点、さらには政治史的視点からのものであって、本書のように、宗教としてのキリスト教とイスラームとの関係における思想の役割に焦点を当てて、中世から現代までを通史的に論じたものは、ほとんど見当たらない。この点に、本訳書の独自の存在意義が見出されるであろう。

もう一つの特徴は、著者ハーゲマンの誠実な姿勢である。カトリック教会の聖職者でもある彼が、中世のカトリック教会を相対化しつつ、プロテスタントであるルターのイスラームに対する姿勢を冷静かつ仔細に検討し、評価している。また、キリスト教の宣教活動を相対化しつつ、イスラームを一つの宗教として尊重する。このような点に、本書がアラビア語にも翻訳されたことの理由と、東アジアに生きるわれわれでも著者の議論の展開を違和感なく追うことのできる理由が存在するのであろう。

世界のグローバル化が言われる現代にあって、他方において「文明の衝突」の恐れが喧伝されていることは、著者も二つの「まえがき」で記しているとおりである。しかし、もしも「グローバル化」ということが本当に文明の衝突をひき起こすのであれば、それはその「グローバル化」にこそ問題があるに違いない。有史以来の人類が積み重ねてきたプロセスは、他者のもつ異なるものを尊重し受容し合うことによって、彼我の短所は捨て、長所を生かし合うという形で、文明の総体を豊饒なものとしてきたということではないだろうか。人間の真摯な営みにはこのような力が含まれているはずであり、それの一典型が宗教ではないのだろうか。この意味において、宗教を背景にして互いの相違を言い立て、それを争いに利用するという、キリスト教とイスラームの双方の社会の一部に今なお見られる風潮は、決して看過されてよいものではないだろう。そして、この流れはグローバリゼーションのなかにあるわれわれにも決して無縁ではないのである。

原著の表題は『キリスト教対イスラーム——その不幸な歴史』であるが、本訳では『キリスト教とイスラーム——対話への歩み』とした。著者が「まえがき」で述べる「未来に向かっての唯一の希望」という言葉を生かしたいと考えたからである。

本書を日本語で読める形にしようという提案は、二〇〇二年七月に矢内義顕から出された。八月の終わりにポルトガルで開催された国際中世哲学会に参加して、かの地の文化に見られるイスラームの影響を目の当たりにしたわれわれは、この書物をできるだけ早く日本で刊行したいという思いをますます強くした。そのヨーロッパ旅行の帰路が「九月一一日」に当たった八巻和彦は、旅客がほとんどおらず閑散としたフランクフルト空港で、改めてキリスト教世界がイスラーム世界に対して抱く恐れの深さと広さに気づかされた。そして、機内で本書を読みふけりながら帰ってきたのだった。それから半年、本書の訳稿が完成したのは、「イラク戦争」のさ中である。

そこでわれわれは、このような直近の不幸な状況をふまえた「日本語版へのまえがき」を著者に所望したが、残念ながらそれは果たされなかった。著者ハーゲマンが現在、病床にあるからである。彼の一日も早い全快を祈るばかりである。

訳者二人のプロジェクト研究の成果の一つである本訳書の公刊に引き続き、今後この分野での研究を、同学の諸氏の協力も得ながらさらに深めていきたいと、われわれは考えている。その手始めとして、矢内は、本書でも言及されているペトルス・ウェネラビリスの『サラセン人の異端大要』を、注解を付して翻訳発表する予定であり、八巻は、同じく本書で論及されているリコルドゥスらとクザーヌスの関係について、ドイツ語で発表した論文 "Die Gestalt der Tataren in *De pace fidei*―Ein cusanischer Blick auf den Orient"（『信仰の平和』におけるタタール人像――クザーヌスのオリエントへの眼差し）を加筆し、日本語で発表する予定である。両方とも、われわれの勤務先の雑誌である『文化論集』の今秋刊行号に掲載されるであろう。関心を有する方々のご一読をお願いする次第である。

本書に対するわれわれの思いに積極的に応えてくれたのは、知泉書館の小山光夫氏と高野文子氏であった。われわれが先に編集し同社から出版した『境界に立つクザーヌス』同様、両氏のご厚意には心より感謝申し上げる。

二〇〇三年四月　イラクでの戦争の余燼　いまだ冷めやらぬ時に

八巻和彦
矢内義顕

八巻 和彦（やまき・かずひこ）

1947年，山梨県生まれ．早稲田大学文学部卒業．東京教育大学大学院博士課程退学．和歌山大学を経て現在，早稲田大学教授．文学博士（京都大学）．Wissenschaftlicher Beirat der Cusanus-Gesellschaft（クザーヌス協会学術顧問）．

〔業績〕『クザーヌスの世界像』（創文社，2001），ニコラウス・クザーヌス『信仰の平和』（中世思想原典集成 17，平凡社，1992）

矢内 義顕（やうち・よしあき）

1957年，東京都生まれ．早稲田大学大学院博士課程後期修了．神田外語大学助教授を経て現在，早稲田大学教授．

〔業績〕「Studium sacrae scripturae－アンセルムスと聖書」（『中世思想研究』41，1999），監修『修道院神学』（中世思想原典集成 10，平凡社，1997），八巻・矢内編『境界に立つクザーヌス』（知泉書館，2002）

〔キリスト教とイスラーム〕　ISBN4-901654-16-0

2003年6月 5 日　第1刷印刷
2003年6月10日　第1刷発行

訳 者　八 巻 和 彦
　　　　矢 内 義 顕
発行者　小 山 光 夫
印刷者　藤 原 良 成

発行所　〒113-0033 東京都文京区本郷1-13-2
電話(3814)6161 振替 00120-6-117170
http://www.chisen.co.jp
株式会社 知泉書館

Printed in Japan　印刷・製本／藤原印刷

人名索引

（イタリックの数字は注頁を示す）

あ　行

アウグスティヌス Augustinus ……19, 32, 104, *29*
アヴェロエス Averroes ……44
アース，アムル・イブン 'Amur ibn al-As ……4, 22
アナスタシウス（図書係）Anastasius Bibliothecarius ……28
アナワティ Anawati, G.-C. …viii, 182
アーベリ Arberry, J. ……182
アル・カーミル al-Malik al-Kamil ……40, 64f
アル・キンディ（キリスト教徒の）al-Kindi ……59, 117
アル・ハッラージュ Al-Halladj …181
アルターナー Altaner, B. ……102, 108
アルフォンソ 8 世 Alfonso VIII ……61
アレクサンデル 2 世 Alexander II ……34, *30*
アレクシオス 1 世 Alexios I. Komnenos ……36
イブン・アラビー Ibn al-'Arabi …44
イブン・ハズム Ibn Hazm ……*38*
インノケンティウス 3 世 Innocentius III ……40, 62ff
インノケンティウス 4 世 Innocentius IV ……90
ウィックリフ Wyclif, J. ……139, 145
ヴェダー Vedar, B. Z. ……91
ヴェルハウゼン Wellhausen, J. …181
ヴォルター Wolter, H. ……62
ヴォルテール Voltaire ……173
ウマル，サイード・イブン 'Umar Said-ibn ……117
ウマル 2 世 'Umar II ……22
ウルバヌス 2 世 Urbanus II …36, 42
ウルバヌス 4 世 Urbanus IV ……92
エイレナイオス Eirenaios ……29
エウゲニウス 3 世 Eugenius III …38
エウロギウス，トレドの Eulogius de Toledo ……142
エンゲルス Engels, P. ……91, 95, *33*
オイラー Euler, W. A. ……103
オットー 2 世 Otto II ……25

か　行

カエターニ Caetani, L. ……181
カスパール Caspar, R. ……182
カール大帝 Karl der Große ……33
カール・マルテル Karl Martell …25, 42
ガルデ Gardet, L. ……182
カルプゾフ Carpzov, J. B. ……96
カント Kant, I. ……161ff.
キュプリアヌス Cyprianus ……19f.
キュンク Küng, H. ……*50*
グイレルムス，トリポリの Guilelmus de Tripolis …89, 91–95
クザーヌス　→ニコラウス・クザーヌス
グラープマン Grabmann, M. ……69
グレゴリウス 1 世 Gregorius I …33, *30*
グレゴリウス 7 世 Gregorius VII …34f.
グレゴリウス 9 世 Gregorius IX …40
グレゴリウス10世 Gregorius X …94
クレーマー Kremer, A. ……179

ゲオルギオス・シュンケロス
Georgios Synkellos ……………27
ケトンのロベルトゥス →ロベルトゥス
コウリー Khoury, A. Th. …120, 183
ゴーティエ3世，ブリエンヌ伯
Gautier III de Brienne …………64
ゴルトツィハー Goldzhier, I. ……180
コロマー Colomer, E. ……………106

さ 行

サザーン Southern, R. W.…………*29*
サラーフッディーン（サラディン）
Salahddin ibn Ayyub ……34, 142
ザンギー（モースルのアタベク）
Zangi ………………………………38
ザンギー，ヌールッディーン・イブン
Nuraddin ibn Zangi……………38f.
ジェルマン，ジャン Germain, Jean
……………………………………139
シュヴァッリー Schwally, F. ……180
シュパイヤー Speyer, H. …………182
シンメル Schimmel, A. …………182
スレイマン Suleyman ……………135

た・な 行

ダニエル Daniel, N. ………………90
ダルヴェルニー d'Alverny, M.-Th.
……………………………………52
ディオニュシウス（カルトゥジア会の）Dionysius Cartusianus …118
ティボー4世，シャンパーニュ伯
Thibaut IV ………………………41
テオバルドゥス，リェージュの
Theobaldus →グレゴリウス10世
……………………………………94
テオファネス，証聖者 Theophanes
Confessor …………………………27
デッカー Decker, B. ………………128
デメトリオス・キュドネス
Demetrios Kydones ……………83
テルトゥリアヌス Tertullianus …19
トマス・アクィナス Thomas Aquinas
………………32, 66-88, 91, 118, *29*
トリポリのグイレルムス →グイレルムス
ドンデーヌ Dondaine, H.-F. ………83

ナウマン Naumann, P.……………112
ニコラウス4世 Nikolaus IV ……107
ニコラウス・クザーヌス
Nicolaus Cusanus ……55, 110-34,
139, 155ff., *47-48*
ネルデケ Nöldeke, Th.……………180

は 行

ハイメ1世 Jaume I ……………103
ハイメ2世 Jaume II ……………108
バイバルス Baibars……………………41
パウルス・アルバルス Paulus
Arvarus …………………………142
ハルナック Harnack, A. von ……19
パレート Paret, R.…………………182
ハンチントン Hanchinton, H.………v
ピウス2世 Pius II …………114, 139
ピッコローミニ Piccolomini, E. S.
→ピウス2世 ……………………139
ヒュルフロニェ Hurgronje, C. S. 181
ヒルテン Hilten, J. ………………143
フアン，セコビアの Juan de Segovia
……………………52, 111, 119, 139
フアン，トルケマダの Juan de
Torquemada ……………………118
フィリップ，ヘッセン方伯 Philipp
von Hessen………………………135
フェルディナンド，オーストリアの
Ferdinand von Österreich ……136
フェルナンド3世 Ferdinando III
……………………………………44
フェルト Feld, H. …………………61

フコー Foucauld, Ch. De……………176
フス Hus, Jan……………………………145
ブラシエル Blachère, R. ……………182
プラトン，ティヴォリの Platon de Tivoli……………………………………50
フランチェスコ，アシジの Francesco di Assisi ……60,62-66
フリードリヒ2世 Friedrich II …40f.
フリードリヒ2世（プロイセン王） Friedrich II. von Preußen……173
ベーコン，ロジャー Bacon, R. …139
ベッカー Becker, C. H. ……………180
ペトルス，アミアンの Petrus de Amiens ……………………………………37
ペトルス・ウェネラビリス Petrus Venerabilis ……………29,48ff.,59, 117f.,139,157,*31*
ペトルス・ノラスクス Petrus Nolascus ………………………………90
ヘラクレイオス Herakleios……………4
ヘルシャー Hölscher, G. ……………112
ベル Bell, R. ……………………………182
ベルナルドゥス，クレルヴォーの Bernardus Claraevallensis……28, 38,118,139
ヘニング Henning, M. ………………182
ホノリウス3世 Honorius III ……61f.

ま・や 行

マイモニデス Maimonides ………44
マクドナルド Macdonald, D. B. 181
マシニョン Massignon, L. ………181
マッソン Masson, D.………………182
マラッチ Marracci. L. ……………57
ミュコニウス Mykonius, Fr. ……142
ムハンマド（コーラン翻訳協力者） Muhammad ……………………………50
メランヒトン Melanchthon, Ph. ……………………………………………142
ヤコブス，アッキの Jakobus di Acqui ……………………………………29
ヨアキム，フィオーレの Joachim de Floris ……………139,142,145,159
ヨアンネス8世 Johannes VIII ……33
ヨアンネス，ダマスコの Johannes Damascenus ……………………26f.
ヨアンネス・トイトニクス Johannes Teutonicus ……………………………90
ヨーハン・フリードリヒ Johann Friedrich von Sachsen ………138

ら 行

ライムンドゥス・ペニャフォルテ Raimundus de Pennaforti ……68, 89ff.
ライムンドゥス・マルティ Raimundus Marti …………89,95f.
ラヴィジュリー Lavigerie, Ch. …175
ラヨシュ2世 Lajos II …………134f.
リコルドゥス，モンテ・クルチスの Ricoldus de Monte Crucis……88, 96-102,118,130,153-56,*48*
リナーレ Llinarés, A. ……………107
ルター Luther, Martin …57,134-59, *31,40-47*
ルルス Lullus, Raimundus …102-09, 114
レオ4世 Leo IV ………………………33
レオ10世 Leo X ……………………136
レオンティオス Leontios……………5
レッシング Lessing, G. E. …166-72, *50*
レランド Reland, H. ……………163ff.
ロートハーン Roothaan, P ………175
ロベルトゥス，ケトンの Robertus Kettonensis ………50-57,117,122, 124,157
ロール Lohr, Ch. ……………………*38*

旧約聖書・新約聖書・コーラン索引

（イタリックの数字は注頁を示す）

旧約聖書

新約聖書

コーラン

文　献（抜粋）

Abdallah Yusuf Ali: The Glorious Qur'an. Translation and commentary. 2 Vols. Lahore 1935; [3]1938; repr, Beirut.

Abel, F. M.: Le couvent des Frères Prêcheurs à Saint Jean d'Arc, in: Revue Biblique 43 (1934).

Abu-Nasr, J. N.: A history of the Maghrib. Cambridge 1971.

Altaner, B.: Die Dominikanermissionen des 13. Jahrhunderts. Forschungen zur Geschichte der kirchlichen Unionen und der Mohammedaner- und Heidenmission des Mittelalters (Breslauer Studien zur historischen Theologie III). Habelschwerdt/Schles. 1924.

——— Sprachstudien und Sprachkenntnisse im Dienste der Mission des 13. und 14. Jhdts., in: ZMR 23 (1933).

——— Die fremdsprachliche Ausbildung der Dominikanermissionare während des 13. und 14. Jhdts., in: ZMR 23 (1933).

——— Zur Kenntnis des Arabischen im 13. und 14. Jhdt., in: OrChrP 2 (1936).

——— Zur Geschichte der antiislamischen Polemik während des 13. und 14. Jhdts., in: HJ 56 (1936).

——— Glaubenszwang und Glaubensfreiheit bei Raymundus Lullus, in: HJ 48 (1928).

Altheim, F./Stiehl, R.: Die Araber in der alten Welt, 5 Bde. Berlin 1964–69.

d'Alverny, M.-Th.: Deux traductions latines du Coran au moyen-âge, in: AHD 16 (1947/48).

——— La Connaissance de l'Islam en Occident du IXe siècle au milieu du XIIe siècle, in: L'Occidente e l'Islam nell'alto medioevo, vol. II (Settimane di studio del centro Italiano di studi sull'alto medioevo XII). Spoleto 1965.

——— Quelques manuscrits de la „Collectio Toletana", in: G. Constable/J. Kritzeck (Hrsg.), Petrus Venerabilis (1156–1956). Studies and Texts commemorating the eighth centenary of his death (Studia Anselmiana 40). Romae 1956.

Anawati, G.-C.: Introduction à la thèologie musulmane. Paris 1948.
——— Christentum und Islam. Ihr Verhältnis aus christlicher Sicht, in: A. Bsteh (Hrsg.): Dialog aus der Mitte christlicher Theologie (Beiträge zur Religionstheologie 5). Mödling 1987.
——— Nicolas de Cues et le problème de l'Islam, in: NIMM (1970).
——— Exkurs zum Konzilstext über die Muslim, in: LThK, Das II. Vatikanische Konzil, Bd. II. Freiburg-Basel-Wien 1966.
Antes, P.: Der Islam als politischer Faktor. Hannover ³1997.
——— Ethik und Politik im Islam, in: ders. u. a.: Der Islam. Religion-Ethik-Politik. Stuttgart-Berlin-Köln 1991.
——— Ethik und Politik im Islam. Stuttgart-Berlin-Köln-Mainz 1982.
Arberry, J.: The Koran interpreted, Vol. 1/2. London 1955; ³1971.
Arrivabene, A.: L'Alcorano di Macometto etc. Venice 1547.
Ashtor, E.: The Jews of Moslem Spain, 2 Vols. Philadelphia 1973-1979.
Ayache, A.: Histoire ancienne de l'Afrique du Nord. Paris 1964.
Baca, A. R. (Hrsg.): Aenas Silvius Piccolomini: Epistola ad Mahomatem II. New York 1990.
Bardy, G.: La conversion au christianisme durant les premiers siècles. Paris 1949.
Barge, H.: Der Dominikanermönch Ricoldus und seine Missionsreise nach dem Orient, in: Allgemeine Missionszeitschrift 43 (1916).
Barrett, D. B. (ed.): World Christian Encyclopedia. A Comparative Survey of Churches and Religions in the Modern World AD 1900-2000. Oxford 1982.
Battenberg, F.: Das europäische Zeitalter der Juden. Teilband I: Von den Anfängen bis 1650. Darmstadt 1990.
Baumgartner, J.: Die Ausweitung der katholischen Missionen von Leo XIII. bis zum Zweiten Weltkrieg, in: HdK VI/2, 550.
Baus, K.: Das nordafrikanische Christentum vom Beginn der Vandalenherrschaft bis zur islamischen Invasion, in: HdK II/2.
——— Von der Urgemeinde zur frühchristlichen Großkirche, in: HdK I.
Becker, C. H.: Islamstudien. Vom Werden und Wesen der islamischen Welt, Bde. 1/2. Leipzig 1924/32. Nachdruck: Hildesheim 1967.
Bell, R.: The Origin of Islam in its Christian Environment. Edinburgh 1926, repr. London 1968.（リチャード・ベル『イスラムの起源』熊田

亨訳　筑摩書房　1983年)
—— The Qur'an. Translated, with a critical re-arrangement of the Surahs by Richard Bell, Vol. 1/2. Edinburgh 1937/39; repr. 1960.

Berg, D.: Kreuzzugsbewegung und Propagatio fidei. Das Problem der Franziskanermission im 13. Jahrhundert und das Bild von der islamischen Welt in der zeitgenössischen Ordenshistoriographie, in: A. Zimmermann/I. Craemer-Ruegenberg (Hrsg.): Orientalische Kultur und europäisches Mittelalter (Miscellanea Mediaevalia 17). Berlin-New York 1985.

—— Gesellschaftspolitische Implikationen der Vita minorum, insbesondere des franziskanischen Friedensgedankens, im 13. Jahrhundert, in: M. Gerwing/G. Ruppert (Hrsg.): Renovatio et Reformatio. FS L. Hödl. Münster 1985.

Bibliander, Th. (Hrsg.): Machumetis Sarracenorum principis vita ac doctrina omnis quae & Ismahelitarum lex, & Alcoranum dicitur etc. vol. I/II. Basel 1543 (^{2}1550).

Bishko, C. J.: Peter the Venerable's journey to Spain, in: StA 40.

Blachère, R.: Introduction au Coran. Paris 1947.

—— Le Coran. Traduction selon un essai de reclassement des sourates, Vol. 112. Paris 1949/51.

Bonner, A.: Selected Works of Ramon Llull, 2 vols. Princeton 1985.

Boor, C. de: Chronographia Theophanis, 2 Bde. Leipzig 1883-1885.

Bouman, J.: Der Koran und die Juden. Darmstadt 1990.

Brincken, A. D. van den: Die „Nationes Christianorum Orientalium" im Verständnis der lateinischen Historiographie von der Mitte des 12. bis in die zweite Hälfte des 14. Jahrhunderts (Kölner Historische Abhandlungen, Bd. 22), Köln-Wien 1974.

Brisson, J. P: Gloire et misère de l'Afrique du Nord. Tunesie-Algerie-Maroc, 2 vols., Paris 1931; Vol. I ^{2}1951 (= 1975); Vol. 11 ^{2}1952 (= 1975).

Brox, N./Engels, O., u. a. (Hrsg.): Die Geschichte des Christentums. Bd. 4-7. Freiburg-Basel-Wien 1991-1995.

Buchanan, H.: Luther and the Turks 1519-1529, in: Archiv für Reformationsgeschichte 47 (1956).

Burgevin, F. H.: Cribratio Alchorani. Nicolaus Cusanus's Criticism of

the Koran in the Light of his Philosophy of Religion. New York-Washington-Hollywood 1969.
Bürkle, H.: Der Mensch auf der Suche nach Gott—Die Frage der Religionen. Paderborn 1996.
Burns, R. I.: Christian-Islamic Confrontation in the West: The Thirteenth-Century Dream of Conversion, in: American Historical Review 76 (1971).
Busse, H.: Die theologischen Beziehungen des Islams zu Judentum und Christentum. Darmstadt 1988.
Cabanelas Rodriguez, D.: Juan de Segovia y el primer Alcorān trilingue, in: Al-Andalus 14 (1949).
——— Juan de Segovia y el problema islamico. Madrid 1952.
Caetani, L.: Annali dell'Islam. Milano 1905-1927
Cagigas, I. de las: Los Mozārabes. Madrid 1948.
Cahen, C.: Der Islam I. Vom Ursprung bis zu den Anfängen des Osmanenreiches (Fischer Weltgeschichte 14). Frankfurt-Hamburg 1968.
——— La Syrie du Nord à l'époque des croisades. Paris 1940.
Campenhausen, A. Frhr. v.: Staatskirchenrecht. München ³1996.
Campenhausen, H. v.: Lateinische Kirchenväter (Urban-Taschenbücher 50). Stuttgart-Berlin-Köln-Mainz ⁶1986.
Cardini, F.: Francesco d'Assisi. Milano 1989.
Chenu, M. D.: Das Werk des Hl. Thomas von Aquin. Heidelberg 1960.
Cleve, Th. C. van: The Fifth Crusade, in: K. M. Setton, A History of the Crusades II. Philadelphia 1962.
Colomer, E.: Raimund Lulls Stellung zu den Andersgläubigen: Zwischen Zwie-und Streitgespräch, in: B. Lewis/F. Niewöhner (Hrsg.), Religionsgespräche im Mittelalter (Wolfenbütteler Mittelalter-Studien. Bd. 4). Wiesbaden 1992.
——— Ramōn Llull y Ramōn Martí, in: Estudios Lulianos 28 (1988).
Constable, G. (Hrsg.): Petrus Venerabilis, The Letters of Peter the Venerable. Edited with an introduction and notes (Harvard Historical Studies 78), vol. I/II. Cambridge/Mass. 1967.
Cortarbarria Beitia A. O. P: L'Étude des langues au Moyen Age chez les Dominicains, in: MIDEO 10 (1970).

——— Los textos arabes de Averres en el Pugio Fidei del dominico catalán Raimundo Marti, in: Actas de XII Congresso de la U. E. A. I. (Málaga 1984). Madrid 1986.

——— A., Les sources arabes de l'„Explanatio Simboli“ du Dominicain catalan Raymond Martin, in: MIDEO 16 (1983).

——— Connaissance de l'Islam chez Raymond Lulle et Raymond Martin O. P, in: Les Cahiers de Faujeaux 22 (1987).

——— San Ramón de Penyafort y las Escuelas Dominicanas de Lenguas, in: Escritos del vedat 7 (1977).

Courtois, C.: Grégoire VII et l'Afrique du Nord. Remarques sur les communautés chrétiennes d'Afrique au XIe siècle, in: Revue historique 195 (1945).

Dall'Arche, M.: Scomparsa del Cristianisimo ed espansione dell'Islam nell'Africa settentrionale. Roma 1967.

Daniel, N.: Islam and the West. The Making of an Image. Edinburgh 1966.

Decker, B.: Nikolaus von Cues und der Friede unter den Religionen (Studien und Texte zur Geistesgeschichte des Mittelalters, Bd. III). Leiden-Köln ^{2}1959.

Declaratio de ecclesiae habitudine ad religiones non-christianas, in: AAS 58 (1966), approbierte deutsche Übersetzung in: LThK, Das II. Vatikanische Konzil, Bd. II. Freiburg-Basel-Wien 1966.

Delacroix, S. (Hrsg.): Histoire universelle des Missions catholiques. Vol. I: Les Missions des origines au XIVe siècle. Paris 1956.

Dietrich, E. L.: Das Judentum im Zeitalter der Kreuzzüge, in: Saeculum 3 (1952).

Dondaine, A.: Ricoldiana. Notes sur les œuvres de Ricoldo da Montecroce, in: Archivum Fratrum Praedicatorum 37 (1967).

Dondaine, H.-F. (Hrsg.): Thomas Aq., Contra Errores Graecorum. Romae 1968 (= ed. Leon. t. XL/A).

——— Thomas Aq., De rationibus fidei. Romae 1968 (= ed. Leon. t. XL/B).

Dozy, R.: Histoire des Musulmans d'Espagne, vol. 1-3. Leiden ^{2}1931.

Drewermann, E.: Der Krieg und das Christentum. Regensburg ^{2}1984.

Ebermann, R.: Die Türkenfurcht. Ein Beitrag zur Geschichte der

öffentlichen Meinung in Deutschland während der Reformationszeit. Halle 1904.

Ehmann, J.: Ricoldus de Monte Crucis: Confutatio Alcorani (1300)—Martin Luther: Verlegung des Alcoran (1442). Kommentierte lat.-dt. Textausgabe (Corpus Islamo-Christianum, Series Latina, vol. 6). Würzburg-Altenberge 1999.

Eickhoff, E.: Seekrieg und Seepolitik zwischen Islam und Abendland. Berlin 1966.

Endreß, G.: Einführung in die islamische Geschichte. München 1982; ³1997.

Engels, O.: Schutzgedanke und Landesherrschaft im östlichen Pyrenaenraum (9.-13. Jh.). Münster 1970.

——— Reconquista und Landesherrschaft. Paderborn u. a. 1989.

———/Schreiner, P. (Hrsg.): Die Begegnung des Westens mit dem Osten, Sigmaringen 1993.

Engels, P: Notitia de Mahometo——De statu Sarracenorum. Kommentierte lateinisch-deutsche Textausgabe (Corpus Islamo-Christianum, Series Latina, vol. 4). Würzburg-Altenberge 1992.

Epalza, M. de: Bibliographie du dialogue islamo-chrêtien. Auteurs chretiêns latins des VII-X siècles, in: Islamochristiana 1 (1975); Addenda et corrigenda, in: ebd. 2 (1976).

——— Trois siècles d'histoire mozarabe, in: Travaux et jours 20 (1966).

Erdmann, C.: Die Entstehung des Kreuzzugsgedankens. Darmstadt 1980.

Euler, W. A.: Unitas et Pax. Religionsvergleich bei Raimundus Lullus und Nikolaus von Kues (Religionswissenschaftliche Studien 15). Würzburg-Altenberge 1990 (²1995).

Fattal, A.: Le statut lêgal des non-musulmans en pays d'Islam. Beirut 1958.

Feld, H.: Franziskus von Assisi und seine Bewegung. Darmstadt 1994.

Ferron, J.: Carthage chrêtienne, in: DHGE XI.

Fischer, A.: Der Wert der vorhandenen Koranübersetzungen und Sure 111, in: Berichte über die Verhandlungen der Sächsischen Akademie der Wissenschaften zu Leipzig, Philolog.-histor. Klasse 89/2 (1937).

Forell, G. W.: Luther and the war against the Turks, in: Church History XIV (1945).

Fück, J.: Die arabischen Studien in Europa bis in den Anfang des 20. Jahrhunderts. Leipzig 1955.（ヨーハン・フュック『アラブ・イスラム研究誌―20世紀初頭までのヨーロッパにおける』井村行子訳，法政大学出版局，2002年）

Füssel, H.-P/Nagel, T.: Islamischer Religionsunterricht und Grundgesetz, in: Europäische Grundrechtszeitschrift H. 17, 12. Jg. (1985) 497-503.

Gabriel, L. (Hrsg.): Nikolaus von Kues. Philosophisch-theologische Schriften, Bd. 3, lat.-dt., Studien-und Jubiläumsausgabe, übersetzt und kommentiert von D. und W. Dupré. Wien 1967.

Gabrieli, F.: Die Kreuzzüge aus arabischer Sicht. Zürich 1973.

Gaia, P: Esame critico del Corano, in: Opere religiose di Nicolò Cusano (Classici delle Religioni. Sezione quarta: La religione cattolica). Torino 1971.

Garcías Palou, S.: El Miramar de Ramon Llull. Palma 1977.

——— Ramón Llull y el Islam. Palma 1981.

Gardet, L.: Dieu et la destinée de l'Homme. Paris 1967.

——— Islam. Köln 1968.

Gentrup, Th.: Ius Missionarium I. Steyl 1925.

——— Das Missionsprotektorat in den mohammedanischen Staaten Nordafrikas vom 12.-15. Jahrhundert, in: Zeitschrift für Missionswissenschaft 8 (1918).

Glazik, J.: Die Mission der Bettelorden außerhalb Europas, in: HdK III/2.

Glei, R.: Johannes Damaskenos und Theodor Abu Qurra: Schriften zum Islam. Kommentierte griechisch-deutsche Textausgabe (Corpus Islamo-Christianum, Series Graeca 3). Würzburg-Altenberge 1995.

——— Petrus Venerabilis: Schriften zum Islam. Ediert, ins Deutsche übersetzt und kommentiert (Corpus Islamo-Christianum, Series Latina 1). Altenberge 1985.

Glick, Th.: A History of the Jews in Christian Spain, 2 vols. Philadelphia 1961.

Göbel, H. (Hrsg.): Lessings "Nathan". Der Autor, der Text, seine

Umwelt, seine Folgen. Berlin 1977.
Goldziher, I.: Die Zâhiriten. Ihr Lehrsystem und ihre Geschichte. Beitrag zur Geschichte der muhammedanischen Theologie. Leipzig 1884; Nachdruck: Hildesheim 1967.
——— Muhammedanische Studien. Halle 1889/90; Nachdruck: Hildesheim 1961.
——— Vorlesungen über den Islam. Heidelberg 1910; ²1925; Nachdruck: Heidelberg 1963.
——— Die Richtungen der islamischen Koranauslegung. Leiden 1920; ²1952.
Golubovich, G.: Biblioteca Bio-Bibliografica della Terra Santa e dell' Oriente Francescano, 5 vol., Quaracchi 1906/1927.
——— San Francesco e i Francescani in Damiata (5. 11. 1219-2. 2. 1220), in: Studi Francescani 23 (1926).
Göpfert, H. G. (Hrsg.): G. E. Lessing, Werke. München 1971.
Gottschalk, H. L.: Al-Malik al-Kamil von Egypten und seine Zeit. Wiesbaden 1958.
Grabmann, M.: Die Missionsidee der Dominikanertheologen des 13. Jahrhunderts, in: ZMR I (1911).
——— Die Werke des hl. Thomas von Aquin. Eine literarhistorische Untersuchung und Einführung. Münster 1931; ³1949; Nachdruck mit Literaturergänzungen von R. Heinzmann. Münster 1967.
——— Die Schrift: De rationibus fidei contra Saracenos Graecos et Armenos ad Cantorem Antiochenum des heiligen Thomas von Aquin, in: Scholastik 17 (1942).
Graf, G.: Geschichte der christlichen arabischen Literatur, Bd. II (Studi e Testi 133). Città del Vaticano 1947.
Groeteken, A.: Zur mittelalterlichen Missionsgeschichte der Franziskaner, in: ZMR I (1911).
Grunebaum, G. E. v.: Der Islam im Mittelalter (Bibliothek des Morgenlandes). Zürich-Stuttgart 1966.
——— Der Islam in seiner klassischen Epoche (Bibliothek des Morgenlandes). Zürich-Stuttgart 1966.
Hagemann, L. (ed.): Nicolai de Cusa Opera omnia iussu et auctoritate Academiae Litterarum Heidelbergensis ad codicum fidem edita,

vol. VIII: Cribratio Alkorani. Hamburgi 1986.
——/Glei, R. (Hrsg.): Thomas von Aquin: De rationibus fidei. Kommentierte lateinisch-deutsche Textausgabe (Corpus Islamo-Christianum, Series Latina 2). Altenberge 1987.
——/Pulsfort, E., Maria, die Mutter Jesu in Bibel und Koran (Religionswissenschaftliche Studien 19). Würzburg-Altenberge 1992.
—— Auteurs chrêtiens de langue latine des XI-XII siècles, in: Islamochristiana 5 (1979).
—— Bibliographie du dialogue islamo-chrêtien. Auteurs chrêtiens du monde latin des XIIIe et XIVe siècles, in: Islamochristiana 6 (Roma 1980).
—— Christentum und Islam zwischen Konfrontation und Begegnung (Religionswissenschaftliche Studien 4). Würzburg-Altenberge [3]1994.
—— Der Islam als Anfrage. Schritte auf dem Weg: Raymundus Lullus und Nicolaus Cusanus, in: K. Hilpert/J. Werbick (Hrsg.): Mit den Anderen leben. Wege zur Toleranz. Düsseldorf 1995.
—— Der Islam in Verständnis und Kritik bei Martin Luther, in: TThZ 103. Jg., H. 2 (1994).
—— Der Islam in Verständnis und Kritik bei Nikolaus von Kues und Martin Luther, in: Wort und Antwort 32. Jg., H. 3 (1991).
—— Der Kur'an in Verständnis und Kritik bei Nikolaus von Kues. Ein Beitrag zur Erhellung islamisch-christlicher Geschichte (FThSt 21). Frankfurt 1976.
—— Nikolaus von Kues im Gespräch mit dem Islam. Altenberge 1983.
—— Die erste lateinische Koranübersetzung-Mittel zur Verständigung zwischen Christen und Muslimen im Mittelalter?, in: A. Zimmermann/I. Craemer-Ruegenberg (Hrsg.): Orientalische Kultur und europäisches Mittelalter (Miscellanea Mediaevalia, Bd. 17). Berlin-New York 1985.
—— Missionstheoretische Ansätze bei Thomas von Aquin in seiner Schrift "De rationibus fidei", in: A. Zimmermann (Hrsg.): Thomas von Aquin (Miscellanea Mediaevalia, Bd. 19). Berlin-New York

1988.

Hagemann, L. (ed.): Nordafrika, in: K. Müller/W. Ustorf (Hrsg.): Einleitung in die Missionsgeschichte. Stuttgart 1995.

——— Propheten-Zeugen des Glaubens. Koranische und biblische Deutungen (Religionswissenschaftliche Studien 26). Würzburg-Altenberge ²1993.

——— Zum Aufbruch des Islam. Eine Stellungnahme christlicherseits. Hintergründe-Bedenken und Anfragen-Aussichten, in: O. Bischofberger u. a.: Der Islam in Bewegung (Weltanschauungen im Gespräch, Bd. 10). Freiburg/Schweiz-Zürich 1991.

——— Art. Massignon, Louis-Ferdinand-Jules, in: LThK VI (³1997).

——— Robert Caspar WV-Promotor christlich-islamischer Ökumene. Zum 75. Geburtstag des Jubilars, in: ders./R. Albert (Hrsg.): Dialog in der Sackgasse? Christen und Muslime (Religionswissenschaftliche Studien, Bd. 46). Würzburg-Altenberge 1998.

Hagenbach, K. R.: Luther und der Koran vor dem Rathe zu Basel, in: Beiträge zur vaterländischen Geschichte, hrsg. v. Historische Gesellschaft zu Basel, IX (1870).

Harnack, A. v.: Die Mission und die Ausbreitung des Christentums in den ersten drei Jahrhunderten. Bd. 2. Leipzig ⁴1924.

Haubst, R.: Die Wege der christologischen manuductio, in: MFCG 16 (1984).

——— Johannes von Segovia im Gespräch mit Nikolaus von Kues und Jean Germain über die göttliche Dreieinigkeit und ihre Verkündigung vor den Mohammedanern, in: MThZ 2 (1951).

Hegel, G. W. F.: Phänomenologie des Geistes, hrsg. v. J. Hoffmeister. Hamburg ⁶1952.

Henning, Max: Der Koran (Reclams Universal-Bibliothek 4206-10). Stuttgart 1960; ²1970.—— Neubearbeitung durch Kurt Rudolph. Leipzig 1965.

Hertz, A.: Die Lehre vom, „gerechten Krieg“ als ethischer Kompromiß, in: Handbuch der christlichen Ethik, Bd. 3. Freiburg 1982.

Highfield, R.: Christians, Jews and Muslims in the Same Society: the Fall of convivencia in Medieval Spain, in: D. Baker (Hrsg.): Religious Motivations. Biographical and Sociological Problems

for the Church Historians. Oxford 1978.

Hillgarth, J. N.: Ramon Lull and Lullism in Fourteenth-Century France. Oxford 1971.

Hock, K.: Der Islam im Spiegel westlicher Theologie. Köln-Wien 1986.

Hoenerbach, W.: Islamische Geschichte Spaniens. Zürich-Stuttgart 1970.

Hölscher, G.: Nikolaus von Cues und der Islam, in: ZPhF 2 (1947).

Hoffmann, H.: Gottesfriede und Freuga Dei. Stuttgart 1964.

Holsten, W.: Christentum und nichtchristliche Religion nach der Auffassung Luthers (Allgemeine Missions-Studien, Heft 13). Gütersloh 1932.

Horovitz, J.: Koranische Untersuchungen. Berlin-Leipzig 1926.

Huerga, A.: Hipōtesis sobre la Summa contra Gentiles y el Pugio Fidei, in: Angelicum 51 (1974)..

Jens, W.: Nathans Gesinnung ist von jeher die meinige gewesen, in: H. Küng/W. Jens (Hrsg.): Dichtung und Religion: Pascal, Gryphius, Lessing, Hölderlin, Novalis, Kierkegaard, Dostojewski, Kafka. München 1985.

Julien Ch.-A.: Histoire de l'Afrique du Nord. Paris [4]1969.

Kaeppeli, Th.: Scriptores Ordinis Praedicatorum Medii Aevi, 3 vol. Roma 1970-1980.

Kaweran, P.: Ostkirchengeschichte, 4 Bde. (Corpus Scriptorum Christianorum Orientalium 441. 442. 451. 456). Leuven 1982-1984.

Kedar, B. Z.: Crusade and Mission. European Approaches toward the Muslims. Princeton/N. J. 1984.

Khadduri, M.: War and peace in the law of Islam. Baltimore 1955.

Khoury, A. Th.: Bibliographie du dialogue islamo-chrētien. Auteurs chrētiens byzantins du langue grecque des VII-X siècles, in: Islamochristiana 1 (1975).

——— Der Koran. Arabisch-Deutsch. Übersetzung und wissenschaftlicher Kommentar. Bde. 1 ff. Gütersloh 1990ff.

——— Die Christologie des Korans, in: ZMR 52 (1968).

——— Frieden, Toleranz und universale Solidarität in der Sicht des Islams, in: H. Althaus (Hrsg.): Christentum. Islam und Hinduismus vor den großen Weltproblemen. Altenberge 1988.

Khoury, A. Th.: Les Théologiens byzantins et l'Islam. Textes et auteurs (VIIIe-XIIIe s.). Louvain-Paris ²1969.
——— Polémique byzantine contre l'Islam (VIIIe-XIIIe s.). Leiden ²1972.
——— Toleranz im Islam (Religionswissenschaftliche Studien 8). Altenberge ²1986.
——— Der Koran. Übersetzung. Unter Mitwirkung von Muhammad Salim Abdullah. Gütersloh 1987; ²1992.
———/Hagemann, L.: Christentum und Christen im Denken zeitgenössischer Muslime (Religionswissenschaftliche Studien, Bd. 7). Würzburg-Altenberge ²1994.
———/Hagemann, L./P. Heine: Islam-Lexikon. 3 Bde. Freiburg-Basel-Wien 1991; ³1999.
Klibansky, R./Bascour, H. (Hrsg.): Nicolai de Cusa Opera omnia iussu et auctoritate Academiae Litterarum Heidelbergensis ad codicum fidem edita, vol. VII: De pace fidei. Hamburgi 1959.
Koehler, H.: L'Eglise chrêtienne du Maroc et la Mission Franciscaine (1221-1790). Paris 1934.
Köhler, W.: Zu Biblianders Koran-Ausgabe, in: Zwingliana 3/11 (1918).
Kritzeck, J.: Peter the Venerable and Islam (Princeton Oriental Studies 23). Princeton/N. J. 1964.
——— Peter the Venerable and the Toledan Collection, in: StA 40.
——— Robert of Ketton's Translation of the Qur'an, in: The Islamic Quarterly 2 (1955).
Küng, H.: Projekt Weltethos. München 1990.
——— Religion im Prozeß der Aufklärung, in: ders./W. Jens (Hrsg.): Dichtung und Religion. München 1985.
Lachner, R.: Raimund von Penafort, in: Biographisch-Bibliographisches Kirchenlexikon, Bd. VII. Herzberg 1994.
Lähnemamn, J. (Hrsg.): Erziehung zur Kulturbegegnung. Modelle für das Zusammenleben von Menschen verschiedenen Glaubens, Schwerpunkt Christentum und Islam. Hamburg 1986.
Lamparter, H.: Luthers Stellung zum Türkenkrieg. München 1940.
Lapeyre, G. G.: L'ancienne Eglise de Carthage, 2 vol. Paris 1932.
Laroui, A.: L'histoire du Maghreb —— un essai de synthèse. Paris 1970.
Leclerq, D.-J.: Pierre le Vênérable et l'invitation au salut, in: Bulletin

des Missions 20 (1966).
——— Pierre le Vénérable. Saint-Wandville 1946.
Lemmens, L.: De Sancto Francisco Christum praedicante coram sultano Aegypti, in: Archivum Franciscanum Historicum 19 (1926).
Lenzenweger, J., u. a. (Hrsg.): Geschichte der katholischen Kirche, Graz-Wien-Köln 1990.
Lévi-Provenal, E.: Histoire de l'Espagne musulmane, vol. 1-3. Paris 1950-1953.
Lind, R.: Luthers Stellung zum Kreuz-und Türkenkrieg. Gießen 1940.
Llinarès, A.: Raymond Lull, Philosoph de l'Action. Paris 1963.
Lohr, Ch.: Christianus arabicus, cuius nomen Raimundus Lullus, in: Freiburger Zeitschrift für Philosophie und Theologie 31 (1984).
Lomax, D. W.: Die Reconquista. München 1980. (D. W. ローマックス『レコンキスタ——中世スペインの国土回復運動』林邦夫訳，刀水書房，1996年)
Mandonnet, P: Fra Ricoldo de Monte-Croce, Pélerin en Terre Sainte et Missionaire en Orient, in: Revue Biblique 2 (1893).
Manitius, M.: Geschichte der lateinischen Literatur des Mittelalters. Bd. 3. München 1931; Nachdruck: ebd. 1965 (Handbuch der Altertumswissenschaft, hrsg. v. W. Otto, IX/2, 1-3).
Manuel, P.: La première traduction latine du Coran, in: En terre d'Islam (1945).
——— Une Encyclopédie de L'islam. Le Recueil de Bibliander 1543 et 1550, in: En Terre d'Islam (1946).
Marmura, M.: Der Islam II. Politische Entwicklungen und theologische Konzepte (Die Religionen der Menschheit, Bd. 25/2). Stuttgart-Berlin-Köln-Mainz 1985.
Marraccius, L.: Refutatio Alcorani, 2 vol.; vol. 1: Alcorani textus universus. Pativii 1698.
Massignon, L.: La passion d'al Hosayn-ibn-Mansur al-Halloj, martyr mystique de l'Islam, exécuté à Bagdad le 26 mars 922. Étude d'histoire religieuse, 2 vol. Paris 1922, ²1975.
Masson, D.: Le Coran et la Révélation judéo-chrétienne. Etudes comparées, 2 vol. Paris 1958.
Mayer, H. E.: Geschichte der Kreuzzüge. Stuttgart-Berlin-Köln-Mainz

1968 (⁶1985).
Menze, C.: Zur Geschichte der Toleranzidee von der Frühaufklärung bis zum Neuhumanismus in Deutschland, in: J. Schneider (Hrsg.): Kulturelle Vielfalt als Problem für Gesellschaft und Schule (Münstersche Gespräche zu Themen der wissenschaftlichen Pädagogik 13). Münster 1996.
Menzel, O.: Johannes Kymeus: Des Babsts Hercules wider die Deudschen, in: Cusanus-Studien VI. Heidelberg 1941.
Menzini, A.: Per lo Studio della Leggenda di Maometto in Occidente, in: Rendiconti della R. Accademia Nazionale dei Lincei, Classe di Scienze Morali. Storiche e Filologiche ser. VI, vol. 10 (1934).
Mérigoux OP, J.-M. (Hrsg.): Riccoldo da Monte di Croce, Contra legem Sarracenorum, in: Memorie Dominicane N. S. 17 (1986).
——— Un précurseur du dialogue islamo-chrétien, Frère Ricoldo (1243 -1320), in: Revue Thomiste (1973).
Mohler, L. (Hrsg.): Nicolaus von Cues, Über den Frieden im Glauben, (NvKdÜ, Heft 8, Philosophische Bibliothek, Bd. 223). Leipzig 1943.
Monneret de Villard, U.: La Vita, le opere e i viaggi di fratre Ricoldo de Montecroce O. P, in: OrChrP 10 (1944).
——— Il libro della Peregrinazione nelle parti d'Oriente di fratre Ricoldo de Montecroce. Roma 1948.
——— Lo studio dell'Islam in Europa nel XII e nel XIII secolo (Studi e Testi 110). Città del Vaticano 1944.
Moubarac, Y.: Pentalogie islamo-chrétienne, t. 1: L'œuvre de Louis Massignon. Beyrouth 1972.
Müller, K./Ustorf, W.: Einleitung in die Missionsgeschichte. Stuttgart 1995.
———/Sundermeier, Th. (Hrsg.): Lexikon missionstheologischer Grundbegriffe, Berlin 1987.
Neill, S.: Geschichte der christlichen Missionen, hrsg. und ergänzt von N.-P. Moritzen. Erlangen ²1990.
Niewöhner. F.: Veritas sive Varietas. Lessings Toleranzparabel und das Buch Von den drei Betrügern (Bibliothek der Aufklärung V). Heidelberg 1988.
Nijenhuis, W.: Luther en de Islam, in: Nederlands Theologische Tijd-

schrift 33 (1979).

Nöldeke, Th.: Geschichte des Qorans, 1. Über den Ursprung des Qorans. Bearbeitet von Friedrich Schwally. Leipzig 1909; 2. Die Sammlung des Qorans. Völlig umgearbeitet von Friedrich Schwally. Leipzig 1919; 3: Die Geschichte des Qorantextes. Von Gotthelf Bergsträsser und Otto Pretzl. Leipzig 1938 (Nachdruck: Hildesheim 1961 und 1970).

Odier-Bignami, J./Levi della Vida, G.: Une version latine de l'Apocalypse syro-arabe de Serge-Bahira, in: MAH LXII (1950).

Oelmüller, W.: Die unbefriedigte Aufklärung. Beiträge zu einer Theorie der Moderne von Lessing, Kant und Hegel. Frankfurt/M. 1969.

Otto, J. A.: Gründung der neuen Jesuitenmission durch General Pater Johann Philipp Roothaan. Freiburg 1939.

Ottaviano, C. (ed.): De adventu Messiae prol., in: Estudis Universitaris Catalans 14 (1929).

Palencia, A. Gonzalez: Los Mozārabes de Toledo en los siglos XII y XIII, 4 vol. Madrid 1926-1930.

Paret. R.: Der Koran. Übersetzung. Stuttgart 1966; Der Koran. Kommentar und Konkordanz. Stuttgart 1971; ²1977.—— Als Taschenbuch: Stuttgart ³1986.

Parisse, M.: Die Iberische Halbinsel, in: J.-M. Mayeur u. a. (Hrsg.): Die Geschichte des Christentums, Religion-Politik-Kultur. Deutsche Ausgabe, Bd. 5. Freiburg-Basel-Wien 1994.

Payne, R.: Die Kreuzzüge. Zweihundert Jahre Kampf um das Heilige Grab. Zürich 1986.

Pfannmüller, G.: Handbuch der Islam-Literatur. Berlin-Leipzig 1923.

Pfister, R.: Reformation, Türken. Islam: Zwingliana 10 (1956).

Pidal, R. Menēndez: La Espaa del Cid, 2 vol. Madrid ²1947.

Piepmeier, H.: Aufklärung I—Philosophisch, in: TRE I.

Pilcher, A. Douglas: North Africa Mission—Nordafrikanische Mission, in: S. Neill/N.-P. Moritzen/E. Schrupp (Hrsg.): Lexikon zur Weltmission. Wuppertal-Erlangen 1975.

Platzeck, E. W.: Raimund Lull. Sein Leben—seine Werke. Die Grundlagen seines Denkens I/II (Bibliotheca Franciscana 5/6). Düsseldorf 1962-1964.

Powell, J. M. (Hrsg.): Muslims under Latin Rule 1100–1300. Princeton 1990.

Preuß, H.: Die Vorstellungen vom Antichrist im späteren Mittelalter, bei Luther und in der konfessionellen Polemik. Ein Beitrag zur Theologie Luthers und zur Geschichte der christlichen Frömmigkeit. Leipzig 1906.

Rahman, S. A.: Punishment of apostasy in Islam. Lahore 1972.

Rambaud-Buhot, J. (ed.): Quomodo Terra Sancta recuperari potest (Petitio Raymundi ad Nicolaum IV. Papam) und Tractatus de modo convertendi infideles, in: Opera latina III. Palma de Mallorca 1954.

Reinert, B.: Der islamische Begriff des „heiligen Krieges". Ursprung und Entwicklung, in: F. Stolz (Hrsg.): Religion zu Krieg und Frieden. Zürich 1986.

Rengstorf, K. H./Kortzfleisch, S. v. (Hrsg.): Kirche und Synagoge. Handbuch zur Geschichte von Christen und Juden I. Stuttgart 1968 (Taschenbuchausgabe 1988).

Robles Sierra, A.: Fray Ramõn Marti de Subirats, O. P. y el diãlogo misional en el siglo XIII. Burgos 1986.

——— Raimundi Martini Capistrum Iudaeorum I/II (Corpus Islamo-Christianum: Series Latina 3 und 5). Würzburg-Altenberge 1990 und 1993.

Rodinson, M.: Das Bild im Westen und westliche Islamstudien, in: J. Schacht/C. E. Bosworth (Hrsg.): Das Vermachtnis des Islams. 2 Bde. Zürich-München 1980.

Röhricht, R. (Hrsg.): Epistolae V de perditione Acconis 1291 Fratris Ricoldi de Monte Crucis, in: Archives de l'Orient Latin II, 2 (1884).

——— Lettres de Ricoldo de Monte Croce, in: AOL 2, 2 (1884).

Roncaglia, M.: Biblioteca Bio-Bibliografica della Terra Santa e dell' Oriente Francescano I: Storia della provincia della Terra Santa, 1: Francescani in Oriente durante la Crociata. Kairo 1954.

——— San Francesco d'Assisi in Oriente, in: Studi Francescani 50 (1953).

Ruh, H.: Ist die Lehre vom gerechten Krieg am Ende?, in: F. Stolz (Hrsg.): Religion zu Krieg und Frieden. Zürich 1986.

Runciman, S.: Geschichte der Kreuzzüge, 3 Bde. München ²1975.

Sahas, D. J.: John of Damascus on Islam. The "Heresy of the Ismaelites". Leiden 1972.

Sanchez Alboronoz, Cl.: La España musulmana, segûn los autores islamistas y christianos medievales, 2 vol. Buenos Aires 1946.

Schindler, A.: Das christliche Nordafrika, (2.-7. Jh.), in: TRE I (1977).

Schmidlin, J.: Katholische Missionsgeschichte. Steyl o. J. (1925).

Schmidt, M.: Aufklärung 11-Theologisch, in: TRE I.

Schneider, W.: Hoffnung auf Vernunft-Aufklärungsphilosophie in Deutschland. Hamburg 1990.

Schoen, U.: Die Kirche der Berber. Über die mutmaßlichen Gründe ihres Aussterbens, in: Th. Sundermeier (Hrsg.): Fides pro mundi vita. Gütersloh 1980.

——— Vom Leben und Sterben der Kirche in Nordafrika, in: W. Ustorf/W. Weisse (Hrsg.): Kirchen in Afrika. Erlangen 1979.

——— Jean Faure, Missionar und Theologe in Afrika und im Islam. Göttingen 1984.

Schragl, F.: Die Kreuzzüge, in: Geschichte der katholischen Kirche, hrsg. von J. Lenzenweger/P. Stockmeier/K. Amon/R. Zinnhobler. Graz-Wien-Köln 1990.

——— Kreuzzüge mit anderen Zielsetzungen, in: ebd.

Schröder, W.: Aufklärung, in: Europäische Enzyklopädie zu Philosophie und Wissenschaften, Bd. 1. Hamburg 1990.

Schweigger, S.: De Arabische Alcoran etc. Hamburg 1641.

——— Alcoranus Mahumeticus, das ist: der Türken Alcoran, Religione und Aberglauben etc. Nürnberg 1616.

Schwingens, R. C.: Kreuzzugsideologie und Toleranz. Stuttgart 1977.

Seston, W.: Sur les derniers temps du christianisme en Afrique, in: MAH 53 (1936).

Setton, K. M.: A History of the Crusades, 6 Vols. Philadelphia 1955-1989.

Siegwart, J.: Die Pataria des 11. Jahrhunderts, in: Zeitschrift für Schweizer Kirchengeschichte 71 (1977).

Simon, G.: Der Islam und die christliche Verkündigung. Gütersloh 1920.

Simonet, F. J.: Historia de los Mozárabes de España. Madrid 1903.

Six, J. F.: Charles de Foucauld. Freiburg 1981.
Snouk-Hurgronje, C.: Verspreide Geschriften—Gesammelte Schriften, Bde. I-V. Bonn-Leipzig 1923/25.
Soden, H.: Die Geschichte der altchristlichen Kirche in Nordafrika, in: Urchristentum und Geschichte. Band II. Tübingen 1956.
Southern, R. W.: Das Islambild des Mittelalters. Stuttgart-Berlin-Köln-Mainz 1981. (Western Views of Islam in the Middle Ages. Harvard University Press 1962, 1978. R・W・サザーン『ヨーロッパとイスラム世界』鈴木利章訳　岩波書店　1980年)
Speel, C. J.: The Disappearence of Christianity from North Africa in the Wake of the Rise of Islam, in: CH 29 (1960).
Speyer, H.: Die biblischen Erzählungen im Qoran. Gräfenhainichen 1931; Nachdruck: Darmstadt 1961.
Spuler-Stegemann, U.: Muslime in Deutschland. Nebeneinander oder Miteinander? Freiburg-Basel-Wien 1998.
Steinschneider, M.: Polemische und apologetische Literatur in arabischer Sprache zwischen Muslimen, Christen und Juden, nebst Anhängen verwandten Inhaltes (Abhandlungen zur Kunde des Morgenlandes VI, 3). Leipzig 1877; Nachdruck: Hildesheim 1966.
——— Die europäischen Übersetzungen aus dem Arabischen bis Mitte des 17. Jahrhunderts. Wien 1904.
Stieglecker, H.: Die Glaubenslehren des Islam. Paderborn-München-Wien 1962; ²1983.
Streit, R./Dindinger, J. (Hrsg.): Bibliotheca Missionum, XV: Afrikanische Missionsliteratur 1053-1599. Freiburg 1951.
Sygranyes de Franch, R.: Raymond, Lull, docteur des missions. Schöneck-Beckenried 1954.
Teissier, H.: Eglise en Islam. Paris 1984.
Tenbrock, R. H./Kluxen, K.: Zeit und Menschen —— Das Werden der modernen Welt (1648-1918), Bd. 3. München 1977.
Terrasse, H.: Islam d'Espagne, une rencontre de l'Orient et de l'Occident. Paris 1958.
Théry, P. G.: Tolède, grande ville de la renaissance médiévale, point de jonction entre les cultures musulmane et chrétienne. Oran 1944.
Throop, P. A.: Criticism of Crusade. A Study of Public Opinion and

Crusade Propaganda. Amsterdam 1940.

Tien, A. (Hrsg.): Risalat 'Abdallah ibn-Isma'il al-Hashimi ila 'Abd-al-Masih ibn-Ishak al-Kindi wa Risalat al-Kindi ila al-Hashimi. London 1880; Neuauflagen 1885 und 1912.

Toldt, K.-P: Raimundus Marti, in: Biographisch-Bibliographisches Kirchenlexikon, Bd. VII. Herzberg 1994.

Tourneau, R. le: The Almohad movement. Princeton 1969.

Umhau Wolf, C.: Luther and Mohammedanism: MW 31 (1941).

Urvoy, D.: Penser l'Islam: Ies présupposés islamiques de l'Art de Llull. Paris 1980.

——— Ramon Lull et l'Islam, in: Islamochristiana 7 (1981).

Vasiliev, A. A.: History of the Byzantine Empire. 2 vols. Madison ³1961.

——— Byzance et les Arabes. 2 vols. Brüssel 1935/50.

Vat, O. van der: Die Anfänge der Franziskanermissionen und ihre Weiterentwicklung im Nahen Orient und in den mohammedanischen Ländern während des 13. Jahrhunderts (Veröffentlichungen des Internationalen Instituts für Missionswissenschaftliche Forschungen. Missionswissenschaftliche Studien, hrsg. v. J. Schmidlin, Neue Reihe Bd. 6). Werl 1934.

Vernet, J.: Die spanisch-arabische Kultur in Orient und Okzident. Zürich-München 1984.

Villanyi, A.: La fondation de la mission algérienne dans la correspondance du Père Géneral Roothaan, in: NZM 18 (1962)

Voerzio, M.: Fr. Guglielmo da Tripoli. Firenze 1955.

Vones, L.: Geschichte der lberischen Halbinsel im Mittelalter 711-1480. Reiche-Kronen-Regionen. Sigmaringen 1993.

Waardenburg, J.: Islamisch-Christliche Beziehungen. Geschichtliche Streifzüge (Religionswissenschaftliche Studien 23). Würzburg-Altenberge 1993.

——— L'Islam dans le miroir de l'Occident (Recherches Méditerranéennes III). Paris-La Haye ³1970.

Waltz, J.: Muhammad and the Muslims in St. Thomas Aquinas, in: Muslim World 66 (1976).

Walz, A.: Chronotaxis vitae et operum Sancti Thomae de Aquino, in: Angelicum 16 (1939).

——— San Thomas d'Aquino. Roma 1945.

Watt, W. M./A. T. Welch: Der Islam I (Religionen der Menschheit, Bd. 25/1). Stuttgart-Berlin-Köln-Mainz 1980.

———/Cachia, P: A History of Islamic Spain. Edinburgh 1965. (W. M. ワット『イスラーム・スペイン史』黒田壽郎・柏木英彦訳，岩波書店，1976年)

——— The Influence of Islam on Medieval Europe. Edinburgh 1972. (W. ワット『地中海世界のイスラムーヨーロッパとの出会い』三木亘訳，筑摩書房，1984年)

Wensinck. A. J.: Art. "Bahîra", in: HW Islam (1976).

Werner, E./Erbstößer, M.: Kleriker, Mönche, Ketzer. Das religöse Leben im Hochmittelalter (Herder Spektrum 4284). Freiburg-Basel-Wien 1994.

——— Pauperes Christi. Studien zu sozial-religiösen Bewegungen im Zeitalter des Reformpapsttums. Leipzig 1956.

——— Häresie und Gesellschaft im 11. Jahrhundert. Berlin 1975.

Werner, H.-G.: Göttliche und menschliche Vernunft－Lessing über die Möglichkeit einer humanen Zukunft, in: L. Bornscheuer/H. Kai ser/J. Kuhlenkampf (Hrsg.): Glaube-Kritik-Phantasie-Europäische Aufklärung in Religion und Politik, Wissenschaft und Literatur. Frankfurt/M. 1993.

Wieruszowski, H. (ed.): Petitio ad Bonifatium VIII. papam (1295), in: Misceliània Lulliana. Barcelona 1935.

Wolter, H.: Der Kampf der Kurie um die Führung im Abendland, in: HdK III/2.

Woolworth, W.: A Bibliography of Koran Texts and Translations, in: The Moslem World 5 (1915).

Zimmermann, H.: Das Mittelalter. II. Teil: Von den Kreuzzügen bis zum Ende der großen Entdeckungsfahrten. Braunschweig 1979.

Zwemer, S.: Translations of the Koran, in: The Moslem World 17 (1927).

——— Studies in Popular Islam, London 1939.

——— Das Gesetz wider den Abfall vom Islam. Gütersloh 1926.

注

まえがき

1) G. C. Anawati, Christentum und Islam. Ihr Verhältnis aus christlicher Sicht, in: A. Bsten (Hrsg.), *Dialog aus der Mitte christlicher Theologie* (Beiträge zur Religionstheologie, Bd. 5). Mödling 1987, 207.
2) 以下を参照：S. P. Huntington, *The clash of civilizations and the remaking of world order*. New York 1996.

序

1) 本書II「北アフリカからスペインへ　前進するイスラーム」を参照．
2) G. E. c. Grunebaum, Der Islam im Mittelalter (Bibliothek des Morgenslandes). Zürich-Stuttgart 1966, 13.

I　コーランの理解するキリスト教　出会い－誤解－対決

1) コーランの引用は，A. Th. Khoury, Gütersloh 1987; ²1992 の訳に従う．また 9 巻まで刊行されている，同訳者による注解も参照のこと．A. Th. Khoury, *Der Koran. Arabisch-Deutsch.: Übersetzung und wissenschaftlicher Kommentar*. Gütersloh 1990ff.（本訳において，コーランの引用は，原則としてドイツ語本文を訳した．その際，以下の邦語訳を参照した．井筒俊彦訳『コーラン』岩波文庫，1964；藤本勝次責任編集『コーラン』中央公論社，1979；日本ムスリム協会『日亜対訳注解　聖クルアーン』改訂版，1996）．
2) 詳しくは以下を参照：L. Hagemann/E. Pulsfort, Maria, die Mutter Jesu, in Bibel und Koran (Religionswissenschaftliche Studien 19). Würzburg-Altenberge 1992, 90-106.
3) 以下を参照：ebd. 107-119.
4) 以下を参照：A. Th. Khoury, Toleranz im Islam (Religionswissenschaftliche Studien 8). Altenberge ²1986, 64ff.
5) 以下参照：L. Hagemann, Propheten-Zeugen des Glaubens. Koranische und biblische Deutungen (Religionswissenschaftliche Studien 26). Würzburg-Altenberge ²1993, 90-110.

6) 以下参照. A. Th. Khoury/L. Hagemann, *Christentum und Christen im Denken zeitgenössischer Muslime* (Religionswissenschaftliche Studien 7). Würzburg-Altenberge ²1994, 30-36.

7) A. Th. Khoury, Frieden, Toleranz und universale Solidarität in der Sichit des Islams, in: H. Althaus (Hrsg.), *Christentum, Islam und Hinduismus vor den großen Weltproblemen*. Altenberge 1988, 50-79; 引用：64f.

8) Ebd. 68.

Ⅱ 北アフリカからスペインへ 前進するイスラーム

1) これについては，以下を参照：L. Hagemann, Nordafrika, in: K. Müller/W. Ustorf (Hrsg.), *Einleitung in die Missionsgeschichte*. Stuttgart 1995, 66-81.

2) A. von Hrnack, *Die Mission und die Ausbreitung des Christentums in den ersten drei Jahrhunderten*, Bd. 2. Leibzig ⁴1924, 919.

3) U. Schoen, Die Kirche der Berber. Über die mutmaßlichen Gründe ihres Aussterbens, in: Th. Sundermeier (Hrsg.), *Fides pro mundi vita*. Gütersloh 1980, 91-110; 引用: 91；同じ著者の以下を参照：Vom Leben und Sterben der Kirche in Nordafrika, in: W. Ustorf/W. Weisse (Hrsg.), *Kirche in Afrika*. Erlangen 1979, 19-26.

4) 以下を参照：A. Schindler, Das christliche Nordafrika, (2.-7. Jh.), in: TRE I (1977) 640-700. 膨大な参考文献が付されている.

5) 同上 644.

6) イスラームとその急速な進出の歴史については，以下を参照：G. Endreß, Einführung in die islamische Geschichte. München ³1997（参考文献を付す).

7) 以下を参照：C. Courtois, Grégoire VII et l'Afrique du Nord. Remarques sur les communautés chrétiennes d'Afrique au XIe siècle, in: Revue historique 195 (1945) 97-122; 193-226.

8) 以下を参照. W. Seston, Sur les derniers temps du christianisme en Afrique, in MAH 53 (1936) 101-124.

9) 以下を参照. L. Hagemann, *Cristentum und Islam zwischen Konfrontation und Begegnung* (Religionswissenschaftliche Studien 4).

Würzburg-Altenberge ³1994.

III　イスラーム侵入に対する西欧の最初の反応

1) このことについては，本章二参照.

2) R. W. Southern, *Das Islambild des Mittelalters*. Stuttgart-Berlin-Köln-Mainz 1981. (*Western Views of Islam in the Middle Ages*. Harvard University Press 1962, 1978. R.W.サザーン『ヨーロッパとイスラーム世界』鈴木利章訳，岩波書店，1980).

3) 以下を参照，G. Graf, *Geschichte der christlichen arabischen Literatur*, Bd. II (Studi e Testi 133). Città del Vaticano 1947, 145-149（文献表を付す）.

4) In: PG 108, 684B-689B；これについては，以下を参照：A. Th. Khoury, *Les Théologiens byzantins et l'Islam. Textes et auteurs* (*VIII*ᵉ-*XIII*ᵉ *s.*). Louvain-Paris ²1969, 106-109.

5) Ed. C. de Boor, *Chronographia Theophanis*, 2 Bde. Leipzig 1883-1885.

6) 以下を参照：同上：Bd. II, 209.

7) これについては，本章二参照.

8) 以下を参照：Petrus Venerabilis, *The Letters of Peter the Venerable*, ed. G. Constable, I-II. Cambridge/Mass. 1967；ここでは，I, 295ff.

9) J. Ernst, Lukas. *Ein theologisches Porträt*. Düsseldorf ²1991, 86.

10) 以下を参照．Thomas von Aquin, S. Theol. II/II, q. 40 a. 1；これに関しては，A. Hertz, Die Lehre vom „gerechten Krieg“ als ethischer Kompromiß, in: *Handbuch der christlichen Ethik*, Bd. 3. Freiburg 1982, 425-448；アウグスティヌスについては，430ff.；トマスについては，435ff. (Lit.).

11) H. Ruh, Ist die Lehre vom gerechten Krieg am Ende?, in: F. Stolz (Hrsg.), *Religion zu Krieg und Frieden*, Zürich 1986, 191-206；引用は，195；以下参照．E. Drewermann, *Der Krieg und das Christentum*. Regensburg ²1984, 135ff.

12) 特に以下を参照：DH (³⁷1991) n. 480.

13) H. E. Mayer, *Geschichte der Kreuzzüge*. Stuttgart-Berlin-Köln-

Mainz 1968 ([6]1985), 22.

14) 同上.

15) 同上：24.

16) 同上：26 参照.

17) アレクサンデル２世は，教皇グレゴリウス１世に鑑みて，ユダヤ人に対しては寛容の姿勢を示した．以下を参照．DH ([37]1991) n. 698.

18) 11，12世紀の社会的－宗教的な集団運動であるミラノのパタリアについては，以下参照．E. Werner, *Pauperes Christi. Studien zu sozial-religiöse Bewegungen im Zeitalter des Reformpapsttums.* Leipzig 1956；同じ著者の，*Häresie und Gesellschaft im 11. Jahrhundert.* Berlin 1975; J. Siegwart, Die Pataria des 11. Jahrhunderts, in: Zeitschrift für Schweizer Kirchengeschichte 71 (1977) 30-92.

19) H. E. Mayer, Geschichte der Kreuzzüge, a. a. O. 27.

20) 同上：28.

21) 以下を参照：E. L. Dietrich, *Das Judentum im Zeitalter der Kreuzzüge,* in: Saeclum 3 (1952) 94-131; F. Battenberg, *Das europäische Zeitalter der Juden.* Teilband I: Von den Anfängen bis 1650. Darmstadt 1990, 58-65.

22) 本書IV参照.

23) F. Schragl, Kreuzzüge mit anderen Zielsetzungen, in: J. Lenzenweger u. a. (Hrsg.), *Geschichite der Katholische Kirche*, Graz-Wien-Köln 1990, 285.

24) H. ヴォルターの表現には，独特の潤色を施した感がある．「イベリア半島の再征服は以前から十字軍的な性格を帯びていたため，第５回十字軍の際，フリース人たちは，聖地への進軍の途上，リスボンにおいて良心の呵責なしにその征服に参加することができたのである」：HdK III/2, 359. 教皇たちの態度については，以下を参照：J. M. Powell, The Papacy and the Muslim Frontier, in: ders. (Hrsg.), *Muslim and Latin Rule 1100-1300.* Princeton 1990, 175-203（文献表を付す)．

25) P. Heine, Art. Reconquista, in: A. Th. Khoury/L. Hagemann/P. Heine, *Islam-Lexikon,* Bd. 3, Freiburg-Basel-Wien, 1991, 643.

26) 同書.

Ⅳ　ペトルス・ウェネラビリス　最初のラテン語訳コーランの発案者

1）ムハンマドは，コーランがあくまでアラビア語のコーラン（Qur'ān 'arabī'）として彼に啓示されたことに，くりかえし言及した．以下を参照：コーラン 20:113, 26:195, 43:3, 41:3, 44, 16:103, 12:2, 39:28, 42:7, 46:12, 13:37（アラビア語の規範 hukm 'arabi）．

2）以下を参照：L. Hagemann, Die erste lateinische Koranübersetzung-Mittel zur Verständnis zwischen Christen und Mulimen im Mittelalter ?, in: A. Zimmermann/I. Craemer-Ruegenberg (Hrgs.), *Orientalische Kultur und europäisches Mittelalter* (Miscellanea Mediaevalia, Bd. 17). Berlin-New York 1985, 45-58.（文献表を付す）．本書ではこの論文の主に注を省いて収録．

3）ペトルス・ウェネラビリスは，早ければ，1142年の春に旅行に出た可能性がある．以下を参照：C. J. Bishko, Peter the Venerable's journy to Spain, in: StA 40, 164-165.

4）Petrus Venerabilis, Contra sectam Saracenorum, ed. R. Glei, *Petrus Venerabilis —— Schriften zum Islam* (Corpus Islamo-Christianum, Series Latina, vol. 1) Altenberge 1985, 63.

5）同じ著者，Epistola ad Bernardum Claraevallis, ed. R. Glei, Petrus *Venerabilis, Contra sectam Saracenorum－Schriften zum Islam*, a. a. O. 25.

6）以下を参照：Petrus Venerabilis, Contra sectam Saracenorum, ed. R. Glei, *Petrus Venerabilis-Schriften zum Islam*, a. a. O. 55.

7）Praefatio Roberti Translatoris ad Dominum Petrum Abbatem Cluniacensem etc., in: Th. Bibliander, *Machumetis Sarracenorum principis vita ac doctrina etc.*, vol. I. Basel 1543, 7-8.

8）以下を参照：WA (= D. Martin Luthers Werke, Gesamtausgabe [“Weimarer Ausgabe”]. Weimar 1883ff.) 53, 561-569; W. Köhler, Zu Biblianders Koran-Ausgabe, in: Zwingliana 3/11 (1918) 349-350.

9）マルティン・ルターのイスラームに対する態度については，本書VI，二参照．

V　イスラームとの対決におけるフランシスコ会とドミニコ会 四つの具体例

1) D. Berg, Kreuzzugsbewegung und Propagatio fidei. Das Problem der Franziskanermission im 13. Jahrhundert und das Bild von der islamischen Welt in der zeitgenössischen Ordenshistoriographie, in: A. Zimmermann/I. Craemer-Ruegenberg (Hrsg.), *Orientalische Kultur und europäisches Mittelalter* (Miscellanea Mediaevalia 17). Berlin-New York 1985, 59-76；引用：61.

2) H. Feld, *Franziskus von Assisi und seine Bewegung*. Darmstadt 1994, 296.

3) J. Glazik, Die Mission der Bettelorden außerhalb Europas, in: HdK III/2, 480.

4) H. Wolter, Der Kampf der Kurie um die Führung im Abendland, in: HdK III/2, 241.

5) H. E. Mayer, *Geschichte der Kreuzzüge*, a. a. O. 188.

6) 以下を参照：E. Werner/M. Erbstößer, *Kleriker, Mönche, Ketzer. Das religiöse Leben im Hochmittelalter* (Herder Spektrum 4284). Freiburg-Basel-Wien 1994, 398ff.

7) 同 399.

8) H. E. Mayer, *Geschichte der Kreüzzuge*, a. a. O. 199f. ――彼がスルターンのもとに滞在したときの詳細な状況について報告した，伝説的に潤色された伝承については，以下も参照：H. Feld, *Franziskus von Assisi und seine Bewegung*, a. a. O. 297-300.

9) Thomas Aq., De rationibus fidei, eingeleitet und ediert von H.-F. Dondaine. Romae 1968 (= ed. Leo. t. XL/B); L. Hagemann/R. Glei (Hrsg.), *Thomas von Aquin: De rationibus fidei. Kommentierte lateinisch-deutsche Textausgabe* (Corpus Islamo-Christianum, Series Latina 2). Altenberge 1987；以下参照：L. Hagemann, Missionstheoretische Ansätze bei Thomas von Aquin in seiner Schrift “De rationibus fidei”, in: A. Zimmermann (Hrsg.), *Thomas von Aquin* (Miscellanea Mediaevalia 19). Berlin-New York 1988, 459-483（文献表を付す）．本書では，この論文の注の部分を主に省き，加筆の上，収録されている．

10）以下を参照：Thomas von Aq., Summa contra Gentiles (= S. c. Gent.). Romae 1918-1930 (= ed. Leon. t. XIII-XV).

11）これについてより詳しくは，本書V，二，b 参照．

12）M. Grabmann, Die Schrift: De rationibus fidei contra Saracenos Graecos et Armenos ad Cantorem Antiochenum des heiligen Thomas von Aquin, in: Scholastik 17 (1942), 187-216, ここでは：191.

13）同上：192.

14）カッコ内の章・節の記載は―特に指示がない限り―以下の版に拠る．L. Hagemann/R. Glei (Hrsg.), *Thomas von Aquin: De rationibus fidei. Kommentierte lateinisch-deutsche Textausgabe* (Corpus Islamo-Christianum, Series Latina 2). Altenberge 1987.

15）以下を参照：コーラン 9:51, 15:60, 25:2, 27:57, 57:22, 11:107. 信仰者と不信仰者の規定については，同じく，以下を参照：2:6f., 6:25, 18:57, 32:13f., 45:23. 正しい指導と誤った導きについては，6:39,125, 7:178, 186, 13:33, 14:4, 16:37,93, 19:97, 18:17, 35:8, 39:23. 37.

16）以下を参照：コーラン 40, 17; 4, 79. 18章29節によると，信じるか信じないかは人間の手の内にある．―コーラン14章 4 節と18章29節は相互に対立しあう章句である．

17）ジャブル派，アシュアリー学派，ムウタズィラ学派の教説については，以下を参照：H. Stieglecker, *Die Glaubenslehren des Islam*. Paderborn-München-Wien 1962, 101-111.

18）以下を参照：S. c. Gent. I, c. 64-71; S. theol. I q. 14 a. 13 これに関しては：M. Grabmann, Die Schrift: De rationibus fidei etc., a. a. O. 212-216.

19）以下を参照：H.-F. Dondaine, Einleitung zu De rationibus fidei, a. a. O. 8ff.

20）以下を参照：E. Kellerhals, Art. Islam II, in: RGG Bd. III (1959), Sp. 620f.

21）M. D. Chenu, *Das Werke des Hl. Thomas von Aquin*. Heiderberg 1960, 83f.

22）N. Daniel, *Islam and the West. The Making of an Image*, Edinburgh 1966, 119.

23）P.エンゲルスの詳細な研究結果については，以下を参照：*Notitia*

de Machometo-Destatu Sarracenorum. Kommentierte lateinisch-deutsche Texausgabe (Corpus Islamo-Christianum, Series Latina, vol. 4). Wurzburg-Altenberg 1992.

24) 以下を参照：同上 35ff.

25) 13世紀のスペインと北アフリカにおけるキリスト教宣教の試みに関する概観については，以下を参照：R. I. Burns, Christian-Islamic Confrontation in the West: The Thirteenth-Century Dream of Conversion, in: American Historical Review 76 (1971), 1386-1434.

26) B. Z. Vedar, *Crusade and Mission. European Approaches toward the Muslims*, Princeton 1984, 155.

27) *De statu Sarracenorum,* cap. 55, ed. P. Engels, a. a. O. 371.

28) 以下を参照：同上：69-74

29) 以下を参照：同上：26-28.

30) 同上：71.

31) 同上.

32) 同上.

33) 同上：P. Engels, a. a. O. 194-261.

34) 同上：195.

35) 同上：P. Engels, a. a. O. 266-371.

36) 同上：267.

37) 同上：261.

38) 以下を参照：*De statu Sarracenorum,* Cap. 48-55, a. a. O. 360ff.——イスラームの終焉が間近に迫っているという想定については，以下を参照：P. Engels, a. a. O. 432, Anm. 332.

39) P. A. Throop, *Criticism of Crusade. A Study of Public Opinion and Crusade Propaganda*. Amsterdam 1940, 122; 124.

40) P. Kaweran, *Ostkirchengeschischite*, 4 Bde. (Corpus Scriptorum Christianorum Orientalium 441. 442. 451. 456). Leuven 1982-1984：ここでは：Bd. 3, 148.

41) 以下を参照：A. Robles Sierra, *Fray Râmon Marti des Subirats*. Caleruega 1986; K.-P. Toldt, Raimundus Marti, in: Biographisch-Bibliographisches Kirchenlexikon, Bd. VII. Herzberg 1994, 1287-1289: Th. Kaeppeli, *Scriptores Ordinis Praedicatorum Medii Aevi* III.

Rom 1970, 281-283.

42) 以下を参照：A. Robles Sierra, *Raimundi Martini Capistrum Iudaeorum* I/II (Corpus Islamo-Christianum: Series Latina 3 und 5). Würzburg-Altenberge 1990 und 1993.

43) 以下を参照. A. Cortabarria Beitia, L'Étude des langues au Moyen Age chez les Dominicains, a. a. O. 230; W. P. Eckert, in: K. H. Rengstorf/S. v. Kortzfleisch (Hrsg.), *Kirche und Synagoge. Handbuch zur Geschichte von Christen und Juden* I. Stuttgart 1968, Taschenbuchausgabe 1988, 233-235.

44) ドミニコ会の文筆活動については，以下を参照：Th. Kaeppeli, *Scriptores Ordinis Praedicatorum Medii Aevi*, 3 Bde. Rom. 1970-1980.

45) 以下を参照：H. Barge, Der Dominikanermönch Ricoldus und seine Missionsreise nach dem Orient, in: Allgemeine Missionszeitschrift 43 (1916) 27-40; U. Monneret de Villard, La Vita, le opere e i viaggi di fratre Ricoldo di Montecroce O. P., in: OrChrP 10 (1944) 227-274; 同じ著者による *Il libro della Peregrinazione nelle parti d' Oriente di fratre Ricoldo de Montecroce*. Rome 1948; A. Dondaine, Ricoldiana. Notes sur les oeuvre de Ricoldo da Montecroce, in: Archivum Fratrum Praedicatorum 37 (1967) 119-179; J.-M. Mérigoux, Un précurseur du dialogue islamo-chrétien, Frère Ricoldo (1243-1320), in: Revue Thomiste (1973) 609-621; Th. Kaeppeli, *Scriptores Ordinis Praedicatorum Medii Aevi* III, a. a. O. 308-310.

46) 彼の旅行については，以下を参照：U. Monneret de Villard, *Il libro della Peregrinazione nelle parti d'Oriente di fratre Ricoldo de Montecroce*. Rome 1948.

47) 修道院そのものについては，以下を参照：F.-M. Abel, Le couvent des Frères Prêcheurs à Saint Jean d'Acre, in: Revue Biblique 43 (1934) 265-284; EI², Art. 'Akkâ'.

48) Riccoldo da Monte di Croce, Contra legem Sarracenorum, ed. J. M. Mérigoux, in: Memorie Dominicane N. S. 17 (1986) 60-142. われわれは，本書を CLS と略し，この刊本に従って引用する．またこの刊本の序論も参照のこと：J. M. Mérigoux, L'ouvrage d'un frère Prêcheur florentin en Orient â la fin du XIIIe siècle, in: ebd. 1-58. ただし，

“Sarraceni” (“Saraceni”), “Alchoran” (“Alcoran”)などの表記は J. M. Mérigoux のそれとは一致しない.

49) CLS, prol. 66-69, a. a. O. 63

50) 以下を参照：同上：c. 8, 7ff., a. a. O. 90ff.

51) 以下を参照：同上：c. 8, 71ff., a. a. O. 93ff.

52) 以下を参照：同上：c. 8, 123ff., a. a. O. 94ff.

53) 以下を参照：同上：c. 8, 132ff., a. a. O. 95.

54) 以下を参照：同上：c. 8, 145ff., a. a. O. 95ff.

55) 以下を参照：同上：c. 9, 35ff., a. a. O. 101; 同上：c. 9, 60ff., a. a. O. 102.

56) 以下を参照：同上：c. 9, 145ff., a. a. O. 104ff. コーラン 5:116-117, 5: 17.

57) 以下を参照：同上：c. 16., a. a. O. 136ff.

58) 以下を参照：同上：c. 10, a. a. O. 109ff.

59) 以下を参照：同上：c. 16, 59ff., a. a. O. 138.

60) 同 c. 16, 66-67, a. a. O. 142.

61) この点で一定の影響を及ぼした書物がとりわけ『コーラン論駁』(Confutatio Alcorani)＝『サラセン人の法に対する駁論』であった. (Ehmann, J., Ricoldus de Monte Crucis: Confutatio Alcorani (1300) -Martin Luther: Verlegung des Alcoran (1542). Kommentierte lat-dt. Textausgabe (Corpus Islamo-Christianum, Series Latina, vol. 6). Würzburg-Altenberge (1999). これについては，本書の VI 一と二参照.

62) 以下参照：E. Colomer, Raimund Lulls Stellung zu den Andersgläubigen: Zwischen Zwie-und Streitgespräch, in: B. Lewis/F. Niewöhner (Hrsg.), *Religionsgespräche im Mittelalter* (Wolfenbütteler Mittelalter-Studien, Bd. 4). Wiesbaden 1992, 217-236.

63) B. Altaner, Glaubenszwang und Glaubensfreiheit bei Raymundus Lullus, in: HJ 48 (1928) 586；宣教神学者としてのルルスについては，以下を参照：R. Sygranyes de Franch, *Raymond Lull, docteur des missions*. Schöneck-Beckenried 1954.

64) 以下を参照：E. W. Platzeck, *Raimund Lull. Sein Leben-seine Werke. Die Grundlagen seines Denkens* I/II (Bibliotheca Franciscana 5/6) Düsseldorf 1962-64.

65) W. A. Euler, *Unitas et Pax. Rligionsvergleich bei Raimundus Lullus und Nikolaus von Kues* (Religionswissenschaftliche Studien 15). Würzburg-Altenberge 1990, 36.

66) “Liber de Sancta Maria”, in: Obres essencials I, 1212.

67) 以下を参照：L. Hagemann, Der Islam als Anfrage. Schritte auf dem Weg: Raymundus Lullus und Nicolaus Cusanus, in: K. Hilpert/ J. Werbick (Hrsg.), *Mit den Anderen leben. Wege zur Toleranz*. Düsseldorf 1995, 70-85.

68) 以下を参照：“Liber de gentili et tribus sapientibus” (MOG II, 25-113); “De adventu Messiae” prol., ed. C. Ottoviano, in: Estudis Universitaris Catalans 14 (1929), 4.

69) “Liber de demonstratione per aequiparantiam” (ROL IX, 221).

70) W. A. Euler, Unitas et Pax, a. a. O. 89.

71) 例えば，以下を参照：„Liber de quinque sapientibus“「私が提供しようとする証明には，多くの権威が当てはめられうるだろう．実際，いかなる真の権威であっても必然的な理性に対立することはありえないが，諸権威は多様に解釈され，それらに関するさまざまな見解が出されるので，私は，本書においては，必然的な理性的根拠のゆえに，諸権威については触れないことにしようと思う．」(... ad probationem, quam volo dare, possent applicari multae auctoritates; verum quia nulla vera acutoritas potest esse contraria necessariae rationi, et auctoritates possunt diversimode exponi, et de ipsis haberi diversae opiniones, nolumus in hoc Tractatu mentionem facere de auctoritatibus, quod necessarias probationes. MOG II, 128); „De adventu Messiae“：「というのも，諸権威の注釈や講解よりも，必然的な理性的諸根拠のほうが，知性に適合するからである．」(nam ratio necessaria est aptior intellictu；quam glose seu expositio auctoritatum) ed. Ottaviano, in: Estudis Universitaris Catalans 14 (1929) 4；„Liber contemplationis“, c. 187；「鋭敏な人は，信仰と諸権威によるよりも，むしろ理性によって真理に導かれる．」(... multo melius ducitur ad veritatem homo subtilis per rationes, quam per fidem et auctoritates... MOG IX, 455)．「ルルスの哲学的－神学的諸原理の文脈における必然的な理性的諸根拠 (ratioes necessariae) の理論」については，以下を参照：W. A. Euler,

Unitas et Pax, a. a. O. 91ff. おそらく，彼の構想の諸起源を探ると，ムスリムにその模範を見出すことができ，中でもイブン・ハズム（994-1064年）に非常に近いと思われる．Ch. ロールは「きわめて重要なことだが，われわれは，イブン・ハズムの baharin darnriyya（必然的論証）という概念に，信仰の教理のために必然的な理性的諸根拠 ratioes necessariae を提供するという，ルルスの最も論争的な諸観念の一つの起源を見出したのである」と述べている（Ch. Lohr, Christianus arabicus, cuius nomen Raimundus Lullus: 81）．

72) E. Colomer, Raimund Lulls Stellung zu den Andersgläubigen, a. a. O. 219.

73) 以下を参照：A. Linarès, *Raymond Lull, Philosoph de l'Action*. Paris 1963, 269f.

74) B. Altaner, Glaubenszwang und Glaubensfreiheit in der Missionstheorie des Raymundus Lullus, a. a. O. 586ff.

75) E. Colomer, Raimund Lulls Stellung zu den Andersgläubigen, a. a. O. 234.

76) "Liber disputationis Petri et Raimundi sive Phantasticus" (ROL XVI, op. 190, 15).

Ⅵ クザーヌスとルターにおけるコーランの理解と批判

1) *Nicolai de Cusa, Opera omnia* iussu et auctoritate Academiae Litterarum Heidelbergensis ad codicum fidem edita, vol. VIII：*Cribratio Alkorani*, ed L. Hagemann, Hamburgi 1986 (=h VIII). 最初の注釈つきドイツ語訳は，Nikolaus von Kues, *Cribratio Alkorani-Sichtung des Korans*. 3 Bde. Lat.-dt. von L. Hagemann/R. Glei (Philosophische Bibliothek 420 a-c) Hamburg 1989-93.

2) 以下を参照：L. Hagemann, *Der Kur'an in Verständnis und Kritik bei Nikolaus von Kues. Ein Beitrag zur Erhellung islamisch-christlicher Geschichte* (FThSt 21), Frankfurt 1976.

3) 以下を参照：*Nicolai de Cusa, Opera omnia* iussu et auctoritate Academiae Litterarum Heidelbergensis ad codicum fidem edita, vol. VII: *De pace fidei*, ed. R. Klibansky et H. Bascour, Hamburgi 1959 (= h VII); Nikolaus von Cues, *Über den Frieden im Glauben*, hrsg. von

L. Mohler (NvKdÜ, Heft 8, Philosophische Bibliothek Bd. 223), Leibzig 1943. この著作には以下の日本語訳がある：八巻和彦訳『信仰の平和』（中世思想原典集成〔平凡社〕第17巻「中世末期の神秘思想」, 577-644頁所収).

4) Nicolai de Cusa, *Epistula ad Ioannem de Segobia* (h VII 98, 22-25).

5) G. Hölscher, Anmerkungen zur Sichtung des Alkorans (NvKdÜ, Heft 7), a. a. O. 181; 201; 205; 226.

6) P. Naumann, Einführung zur Sichtung des Alkorans (NvKdÜ, Heft 6), a. a. O. 66.

7) 以下を参照：*Crib. Alk.* II, 7, n. 103 (h VIII 84).

8) *Epistula ad Ioannem de Segobia* (h VII 98, 18).

9) A. Th. Khoury, Die Christologie des Korans, in: ZMR 52 (1968) 59.

10) Cod. Cus. 108, fol. 37va, 7 sqq.

11) *De pace fidei*, c. 12, n. 36-41. (h VII, 35-39)（邦語訳612-616頁).

12) *Crib. Alk.* I, 3, n. 28 (h VIII, 28sq.).

13) Cod. Cus. 108, fol. 33rb, 9-13; *Crib. Alk.* III, 14, n. 209 (h VIII, 166).

14) 以下を参照：コーラン 53:38, 6:164b, 39:70.

15) 以下を参照：コーラン 104:1-3, 29:57, 21:35, 3:185. 神だけが本性的に永遠で不死である. 以下を参照：コーラン 112, 1-4.

16) *Crib. Alk.* III, 19, n. 229-231 (fol. 105^{rv}).

17) B. Decker, *Nikolaus von Cues und der Friede unter den Religionen* (Studien und Texte zur Geistesgeschichte des Mittelalters, Bd. III), Leiden-Köln ²1959, 119.

18) *De pace fidei*, c. 13, n. 42sqq. (h VII, 39sqq.)（邦語訳616-619頁).

19) 以下を参照：*Crib. Alk.* II, 2-10.

20) *Crib. Alk.* II, 9 (h VIII, 87 sq.). L. Hagemann と R. Glei によるドイツ語訳では, NvKdÜ, H 20 (Philosophische Bibliothek 420b), Hamburg 1990, 25.

21) *Crib. Alk.* II, 9 (h VIII, 88 sq.); NvKdÜ, H 20, a. a. O. 27.

22) 同上書.

23) 以下を参照：Hagemann, Der Islam in Verständnis und Kritik bei Martin Luther, in: TThZ 103, Jg., H. 2 (1994) 131-151. この論文を要約して, ここに再録する.

24) *D. Martin Luthers Werke*, Gesamtausgabe ("Weimarer Ausgabe"). Weimar 1883ff.: WA 30/2, 107, 9.『ルター著作集』(聖文舎刊) 第1集第9巻, 14頁 (石本岩根訳). (以下, 原則としてこの著作集の訳文に従うが, 一部, 変更することもある.)

25) WA 30/2, 107-148.『ルター著作集』第1集第9巻, 14-73頁.

26) 同上:160-197.〔これには日本語訳はない〕

27) WA 19, 623-662.『ルター著作集』第1集第7巻, 551-604頁 (神崎大六郎・徳善義和訳).

28) 同上:662, 9.『ルター著作集』第1集第7巻, 604頁.

29) 同上:662, 15-16.『ルター著作集』第1集第7巻, 604頁.

30) Vier tröstliche Psalmen an die Königin zu Ungarn, in: WA 19, 552-615.

31) *Vom kriege widder die Türcken*, a. a. O. 116, 16-17.『ルター著作集』第1集第9巻, 27頁.

32) 以下を参照:WA 1, 535, 35-39.『ルター著作集』第1集第1巻, 179頁 (藤代泰三訳).

33) H. Denzinger, *Enchiridion symbolorum* etc., hrsg. v. P. Hünermann. Freiburg-Basel-Wien [37]1991, Nr. 1484.

34) WA 7, 94-151.

35) 同上:308-574.『ルター著作集』第1集第4巻, 5-136頁 (倉松功訳).

36) 同上:443, 5-6.『ルター著作集』第1集第4巻, 123頁.

37) 同上:443, 19-21. 同上頁.

38) 同上:443, 23-25.『ルター著作集』第1集第4巻, 124頁. また以下も参照:旧約聖書「ヨシュア記」7:11以下, 同「士師記」20:12-14以下.

39) *Vom kriege widder die Türcken*, a. a. O. 129, 20-23.『ルター著作集』第1集第9巻, 45頁. さらに以下も参照:同上:129, 30-33 (同書45頁):「人々が自らを改善し, 神の御言葉をこれまでとは異なった仕方で崇めるのでなければ, いかなる奇跡の徴も, また神の特別な慈悲もドイツについて期待することが, 私はできないのである」.『トルコ人に対する祈りのための訓戒』*Vermanunge zum Gebet Wider den Türcken* (1541) では以下のように記されている:in: WA 51, 594, 26-28:「つまりトルコ人はわれわれの教師でもあって, われわれを懲らしめて, わ

れわれに神を恐れ神に祈ることを教えるのである．さもないと，われわれはまったく罪のなかに堕落するのであり，これは，すでに起きたとおりにまったく確かなことである」．*Grund und ursach aller Artickel D. Marti. Luther, szo durch Romische Bulle unrechtlich vordampt seyn*（『ローマの大勅書によって不当にも断罪されたマルティン・ルター博士のすべての条項の弁明とその根拠』）a. a. O. 443, 28-29（『ルター著作集』第1集第4巻，124頁）：「神は十字架，贖宥発行，論争を問題になさることはない．彼は善い生活をすることを望んでおられるのだ」．『対トルコ戦争について』a. a. O., 123, 16-18（『ルター著作集』第1集第9巻，36頁）：「それゆえ，このような凶行がわれわれを支配することにならないように，また，神の怒りのこのような恐ろしいむちによってわれわれが罰せられることのないように，祈り得る人は祈るがよい」．また，同書以下も参照：124, 15-19（同上日本語訳36頁）；129, 10-15（同上日本語訳44頁）．；*Heerpredigt widder den Tuercken*, a. a. O. 180, 14-15：「しかしトルコ人はいわば神のむちであり，神の懲罰はキリスト教徒および非キリスト教徒あるいは誤れるキリスト教徒のいずれの上に下されるのである」．さらに以下も参照：Ricoldus de Monte Crucis, *Contra legem Saracenorum* のドイツ語訳のためのルターの序文 in: WA 53, 274, 15-25; *Vermanunge zum Gebet Wider den Türcken*, a. a. O. 608, 24-32.

40） WA 51, 577-625.

41） *Vom kriege widder die Türcken*, a. a. O. 117, 11-12.『ルター著作集』第1集第9巻，27頁以下を参照：ebd. 117, 12-120, 24〔『ルター著作集』第1集第9巻，27-32頁〕；*Heerpredigt widder den Tuercken*, a. a. O. 185, 28-31：「それゆえに注意するがよい，親愛なる兄弟たちよ，そして，汝が正しいキリスト教信仰のうちにとどまり，汝の罪のために死んでくださった，汝の主であり救い主であるイエス・キリストを否認することも忘れることもないように，自らに警告し厳しく戒めるがよい」．*Vorrhede Martini Luthers auff das XXXVIII. und XXXIX. Capitel Hesechiel vom Gog*. in: WA 30/2, 225, 36：「かくして今や誰もが回心して，神を恐れ彼の福音を崇める」．

42） WA 30/2, 113, 16-18.『ルター著作集』第1集第9巻，22頁．

43） 同上：115, 1-3.『ルター著作集』第1集第9巻，24頁．

44）　マルティン・ルターは自分の態度を以下のように根拠付けている：「第一に，トルコ人に対して戦争をしようとする場合，皇帝の命令の下に，彼の旗の下に，そして彼の名のもとに，そうすべきなのである．なぜならば，そうすることによって各人は自らが確かに神の秩序に服して歩んでいるという自身の良心を確信できるからである．それは，皇帝こそがわれわれの真の主権者であり，頭《かしら》であって，このような場合に彼〔皇帝〕に服従する者は，神にも服従する者であり，彼に服従しない者は，神にも服従しない者であることを，われわれは知っているからである．服従していて死ぬのならば，その人は良い状態で死んだことになり，また，かつて懺悔をして，現にキリストを信じているのならば，その人は救われるのである．……次に，このような皇帝の旗と服従は，皇帝が自分の臣下を保護するという自分の職務の働きと責任以外には，ほかに何も求めることがないというほどに，正しくかつ単純なものでなければならない．そして，彼の旗の下にある人々も，単純に服従の働きと責任を求めるべきである．したがって，この単純さについて貴殿〔フィリップ公〕が理解すべきことは，今日まで皇帝たちや諸侯が戦いに駆り立てられた理由，すなわち，大いなる尊敬や名誉や財産を獲得することや国土を拡大すること，あるいは憤怒や復讐心のごときものを理由にして，トルコ人を敵にして戦わないということである．なぜならば，このようなことによっては，自己の利益のみが求められて，正義や服従が求められることがないからである．それゆえに，やはり今日まで，トルコ人を敵にしての戦いや戦いの立案において，わが国は幸運に恵まれなかったのである（*Vom kriege widder die Türcken*, a. a. O. 129, 35-130, 31.『ルター著作集』第1集第9巻，45頁以下）.

45）　同上：111, 13-14.『ルター著作集』第1集第9巻，19頁.

46）　*Heerpredigt widder den Tuercken*, a. a. O. 173, 29-174, 2.

47）　WA 11, 245-281.

48）　*Heerpredigt widder den Tuercken*, a. a. O. 179, 15-24：「むしろキリスト教徒は全身全霊をこめて世俗当局者に従属しているのであり，彼らの誰もがこの当局者によってトルコ人との戦いに参加することを求められており召集されるのであるから，彼等は従順な臣下として行為すべきであり（彼らが良心に従って行為すれば，それだけ正しいキリスト教徒であるのだ），すすんで拳をふりあげ，安心して乱暴狼藉をはたらき，

殺人と略奪を犯し損害を与えるのである――彼らのほしいままに．なぜなら彼らは腱を動かすことができるからである．というのは，彼らがこのような任務を果たす義務がある世俗当局者が，こういうことを彼らに命じたのだからである．そして神は，彼らから終生変らずこういうことを得るおつもりなのである，ローマの信徒への手紙13章とテトスへの手紙 3 章にあるように」．以下を参照：新約聖書「ローマの信徒への手紙」13:1と同「テトスへの手紙」3:1.

49) *Heerpredigt widder den Tuercken*, a. a. O. 161, 29-31.

50) 同上：161, 32-162, 1.

51) WA 30/2, 149.

52) 同上：161, 26-29.「ダニエル書」7:25参照．*Vorrhede Martin Luthers auff das XXXVIII. und XXXIX: Capitel Hesechiel vom Gog*, a. a. O. 223, 4-10：「第20章〔「ヨハネの黙示録」20:8〕における聖ヨハネの啓示にはゴグが次のように描写されている．ゴグは海の砂のごとく数えられないほどたくさんの群集と共に，キリスト教徒に対して戦いを挑むが，最後には天から下ってくる火によって滅ぼされる．これをトルコ人とみなすことができると，私は思う．なぜならば，私はここに無為に座しつつ，エゼキエル書の二つの章を，すなわち第38章と第39章をドイツ語に訳そうと考えているからである…」．ルターはこの二つの章を，キリスト教徒（つまりイスラエル）がトルコ人（つまりゴグとマゴグ）によって陥ることになる苦境と，神の懲罰によるトルコ人の破滅とに関連させて解釈している．以下を参照：ebd. 224. 34-225, 8. この解釈は，すでに1529年の 3 月 7 日付けのヴェンツェンスラウス・リンクに宛てたルターの手紙と，同年10月26日付けのニコラウス・ハウスマン宛ての手紙に見出される．in: WA 30/2, 220 Anm. 4.

53) *Heerpredigt widder den Tuercken*, a. a. O. 162, 1-14.

54) 以下を参照：*Verlegung Mart. Luther*, in: WA 53, 396, 18-22：われわれは今や，トルコ人，つまりキリスト教徒全体に対する外なる敵に対抗する上で幸運なのである．だからわれわれは，先ず誠実な悔い改めをもって，内的な敵であるアンチ・キリストと，それの悪魔もろとも絶縁しなければならない．そして，正しい誠実さと純真な心をもって，われわれの主にして救い主イエス・キリストに立ち帰らねばならないのである……」．

55) *Vom kriege widder die Tuercken*, a. a. O. 129, 1-5.『ルター著作集』第１集第９巻，44頁.

56) 同上：142, 27-30. 同上日本語訳65頁：「では一体われわれは何をしたいのであろうか．われわれは互いに同じく敬虔であるのだから，教皇権もトルコ人も同じ程度の敬虔さであるのだから，教皇を敵として戦争をおこうと共にトルコ人をも敵として戦争を行なうべきなのであろうか．答．双方に対して同じことをするべきである．そうすれば，誰も不当な仕打ちをしたことにはならない．なぜならば，同じ罪は同じ罰を受けるべきであるのだから」．

57) WA 6, 404-469.『ルター著作集』第１集第２巻，195-311頁（印具徹訳）．

58) 同上：427, 16ff.『ルター著作集』第１集第２巻，235頁．ルターは自分のことを異端者に算入した1521年の『教皇勅書：主の晩餐』をドイツ語に訳したが，その中の第六項に対する注釈で彼は教皇をトルコ人と比較した．「彼〔教皇〕は，トルコ人とサラセン人に鉄材と木材を与えた人々を呪っているが，このことで彼が，キリスト教徒に対して善事をなすことに本気でとり組んでいるのか否か，分かるというものだ．もし彼があくまでもキリスト教徒でありつづけようとするならば，自分の足で歩んでゆき，トルコ人に福音を説教して聞かせ，それに全身全霊を傾けたであろう．これが，トルコ人と戦い，キリスト教徒を増やし護るための，キリスト教的な方法であるはずだ．肉体的にトルコ人から防御することが何の役にたつだろうか．トルコ人はいかなる悪をなすというだろうか．彼らは侵略して，一時，支配する．この同じことをわれわれは教皇から蒙らねばならないのである．この教皇という存在は，その上，れわれの肉体と生命をいためつけるが，これはトルコ人でもすることがないのである．その上，トルコ人は各人がそれぞれの信仰にとどまることを認める．教皇はこれもしない．むしろ彼はキリスト教信仰から自己の悪魔的虚言に移ることを全世界に強制するのである．その結果，教皇の支配は，肉体にとっても財産にとっても魂にとっても，トルコ人の支配よりも十倍も邪悪であることは明らかである．そして，聖書によれば，キリストが自身をアンチ・キリストに落とすはずがなく，われわれもたえずトルコ人を根絶したいと願っているのだから，われわれは教皇を引きずり下ろさねばならないのである」（『「教皇勅書：主の晩餐」これは

すなわち，至聖なる主，教皇の晩飯《めし》の勅書である．マルティン・ルターこれをドイツ語にする』(1522年，WA8, 691-720；引用箇所は 708, 27-709, 8))．

59) *Verlegung Mart. Luther,* a. a. O. 394, 31-395, 5.

60) *Vermanung zum Gebet Wider den Türcken,* a. a. O. 620, 26-30.

61) *Der Prophet Habacuc* (1526), in: WA 19, 360, 16-17.

62) *Vom kriege widder die Türcken,* a. a. O. 126, 1-2.『ルター著作集』第1集第9巻，40頁．

63) 同上：124, 9-11. 同巻，37頁．

64) 同上：124, 12-17. 同巻，37頁以下．さらに以下も参照：同上：126, 10-14. 同巻，40頁．「ムハンマドのコーランは巨大で多様な虚言の精神であって，それはキリスト教の真理をほとんど何一つ残していないほどである．したがって，これ〔コーラン〕もまた巨大で強力な殺人者となり，両者〔虚言の精神と殺害の精神〕が真理と正義の外観をもったのも当然の成り行きではなかったか」．

65) この非難はビザンツ世界ならびにラテン世界に由来する反イスラームの論点の常套句に属している．以下を参照：A. Th. Khoury, *Polêmique byzantine contre l'Islam* (*VIII*^{e}*-XIII*^{e}*s.*), Leiden 1972, 345-352; ラテン世界の論点については以下を参照：L. Hagemann, *Der Kur'an in Verständnis und Kritik bei Nikolaus von Kues,* a. a. O. 104-105. ラテン世界に由来する具体例としてはリコルドゥスの *Contra legem Saracenorum*（『サラセン人の法に対する駁論』）があるが，ルターはこれを1542年にドイツ語に訳した．リコルドゥスはこの書物の序文で以下のように記している．「ヘラクレイオス〔一世皇帝，575-641〕の時代に一人の人間が真理と神の教会に対して現われたが，彼は悪魔であり，サタンの長子であるムハンマドである．彼は，虚言者であり虚言者の父でもある者の助言と支援を受けて，敵意を含み虚言に満ちた法を，あたかも神の口から述べられたかのようにして創作し，それをコーランの法と名づけたのである．…」(WA 53, 277, 16-20)．ルターはこの箇所を以下のように訳した．「ヘラクレイオス皇帝の時代に一人の人間が現われたが，彼は悪魔でありサタンの長子であって，真理に敵対しキリスト教の教会に敵対し，……名前をムハンマドという．この者は，虚言者でありあらゆる虚言の父でもある者の促しと助けに基づいて，虚言と不正に満

ちた法を広めたが，なぜならば，それはあたかも神の口から語られたこのような見せ掛けをもっているからであり，それを彼はコーランと名づけたのである……」(WA 53, 276, 30-36).

66) *Vom kriege widder die Türcken*, a. a. O. 123, 31-34.『ルター著作集』第1集第9巻，37頁.

67) コーラン61:11, 9 :41等を参照.

68) 以下を参照：*Vom kriege widder die Türcken*, a. a. O. 123, 20.『ルター著作集』第1集第9巻，36頁.

69) 同上：126, 14-16.『ルター著作集』第1集第9巻，40頁.

70) 以下を参照：L. Hagemann, *Christentum und Islam zwischen Konfrontation und Begegnung*; a. a. O. 46-49（ここには関係文献の指示もある).

71) *Vom kriege widder die Türcken*, a. a. O. 126, 21f.『ルター著作集』第1集第9巻，40頁.

72) *Vom kriege widder die Türcken*, a. a. O. 126, 21-30.『ルター著作集』第1集第9巻，40頁以下. *Vermanunge zum gebet Wider den Türcken*, a. a. O. 621, 17-18:「トルコ人は男と女を互いに奪い合う．そして妻たちを牛か子羊でもあるかのように贈ったり売ったりする」.「これは犬や豚の結婚であって，結婚生活ではない」と，ルターはリコルドゥスの著作 *Contra legem Saracenorum* の自分のドイツ語訳の傍注に記している．in: WA 53, 320.

73) *Heerpredigt widder den Tuercken*, a. a. O. 186, 3-8.

74) 同上：186, 8-14.

75) 同上：186, 15-17.

76) *Vom kriege widder die Türcken*, a. a. O. 123, 7-9.『ルター著作集』第1集第9巻，36頁.

77) 同上：122, 2-5.『ルター著作集』第1集第9巻，34頁．さらに以下も参照：*Heerpredigt widder den Tuercken*, a. a. O. 168, 20.

78) さらに以下も参照：コーラン43:59, 4:172, 19:30, 19:93, 5:17, 72:116-117.

79) *Vom kriege widder die Türcken*, a. a. O. 123, 9-11.『ルター著作集』第1集第9巻，36頁.

80) 同上：122, 19-24.『ルター著作集』第1集第9巻，35頁.

81) マルティン・ルターは明確に以下のような肯定的な特徴を挙げている：「トルコ人における様々な躓きの石のなかにあって最も高潔なことは，おそらく，彼らの僧や聖職者がきわめて熱心で勇敢で厳格な生活をおくっているので，人々は彼らを天使とみなして人間とはみなさないほどであり，彼らと比較すれば教皇制におけるわれわれの聖職者のだれもが戯れのようなものだということである．……第二に汝が必ずや見出すことは，彼らが祈りのために頻繁に教会に集まり，規律と静寂と美しいしぐさをもって祈るのであるが，われわれの教会にはどこにもこのような規律と静寂は存在しない．……第三に汝は，トルコの聖人に対する巡礼をそこに必ずや見出す．その聖人たちは，キリスト教信仰においてではなくて，ムハンマドに対する信仰において亡くなったのであるが，彼らは〔その聖人たちを〕賞賛し信仰しているからである．……第四に汝はトルコ人の間に，外的な生活態度に関して勇敢で厳格で立派な組織を必ずや見出す．彼らは，われわれドイツ人がするように，ワインを飲むことがなく，酒びたりになることもむさぼり食うこともない．彼らはそれほど浮薄でぜいたくな衣服を身につけることもなく，それほど豪壮な建物を建てることもなく，それほどに飾り立てることもなく，誓うことも罵ることもわれわれほどにはせずに，彼らの皇帝と主君に対して大なるすぐれた従順さを示し，彼らの支配を外形的に掌握し普及させている．その有様はわれわれがドイツ国にぜひ欲しいほどのものである」(*Heerpredigt widder den Tuercken*, a. a. O. 187, 1-190, 1.).

82) *Verlegung Mart. Luther*, a. a. O. 393, 23.

83) *Heerpredigt widder den Tuercken*, a. a. O. 190, 20-21.

84) WA 53, 272, 9ff.

85) 以下を参照：*Libellus de ritu et moribus Turcorum* の序文，in: WA 30/2, 205, 8

86) WA 53, 272, 16ff.

87) *Vom kriege widder die Türcken*, a. a. O. 121, 30-31.『ルター著作集』第1集第9巻，34頁．

88) 同上：121, 31-122, 2. 同上頁．

89) WA 53, 272, 18-19.

90) 「これまで私にはムスリムの宗教と習慣を知っておきたいという強い願望があったが，コーランについての何らかの駁論とニコラウス・クザ

ーヌスの『コーランの精査』以外には提供されなかった」(WA 30/2, 205. 4-7).

91) 「この論駁者〔リコルドゥス〕と精査者〔クザーヌス〕とは共に，単純なキリスト教徒を敬虔な研究によって脅してムハンマドから遠ざけ，キリストの信仰に縛りつけておこうとしているように見えてならない」(WA 30/2, 205. 8-10).

92) 「しかし，彼らは，まさにもっとも恥ずべきで馬鹿げた事柄をコーランから抜粋することに精を出しすぎているので，それらは嫌悪にはうってつけで，また民衆を憎しみに向けることができるだろうと，彼らは踏んでいたのである．そして，それのなかにある善いことを，〔対象として取り上げて〕論駁しないままに省略したり隠したりしているので，その結果，〔コーランに説かれている〕信仰と権威について彼らがわずかしか見出せず，あたかも，彼らの憎しみと彼らの論駁能力の無能さによって，それらを広く知らせるようなものなのである」(WA 30/2, 205. 10-15).

93) WA 53, 272, 6-19.

94) 同上：272, 12-15.

95) 同上：272, 30-31.

96) 同上：272, 14-15.

97) 以下を参照：O. Menzel, *Johannes Kymeus: Des Babsts Hercules wider die Deudschen*, in: Cusanus-Studien VI, Heidelberg 1941, 1-83.

98) WA 53, 272, 31ff.

99) Luthers Brief an den Rath zu Basel, in: K. R. Hagenbach, Luther und der Koran vor dem Rathe zu Basel, in: Beiträge zur vaterländischen Geschichte IX (1870), 299.

100) WA 53, 561-569 参照.

101) WA 53, 569-572 参照.

VII 啓蒙の時代

1) 『啓蒙とは何かという問いに対する答え』は，以下の版から引用する：W. Weischedel (Hrsg.), *Immanuel Kant. Werke in sechs Bänden*, Darmstadt 1983 (= [4]1964)；ここでは VI, 51-61.

2) A 481. (小倉志祥訳『啓蒙とは何か？　この問いの答え』カント全

集第13巻，理想社刊，39頁，行文の都合で訳文を少し変えた．以下同様)．

3) 以下を参照：W. F. Hegel, *Phänomenologie des Geistes*, hrsg. V. J. Hoffmeister, Hamburg ⁶1952, 407. さらに以下も参照：W. Oelmüller, *Die unbefriedigte Aufklärung, Beiträge zu einer Theorie der Moderne von Lessing, Kant und Hegel*, Frankfurt/M. 1969.

4) A492.（小倉訳47頁）.

5) 同上：（小倉訳47頁）.

6) A486-487.（小倉訳43頁）.

7) A487.（小倉訳43頁）.

8) 同上：（小倉訳43頁）.

9) A487-488（小倉訳44頁）.

10) A488（小倉訳44頁）.

11) A490（小倉訳45頁）.

12) 以下を参照：A. Th. Khoury/L. Hagemann, *Christentum und Christen im Denken zeitgenössischer Muslime* (Religionswissenschaftliche Studien, Bd. 7), Würzbung-Altenburge ²1994.

13) *De religione Mohammdedica*, libri duo. Trajecti ad Rhenum 1705; ²1717. ドイツ語，英語，フランス語，スペイン語に翻訳された．ドイツ語版が州立シュトゥットガルト図書館とドレスデン大学図書館に保存されている．

14) Vorrede, a. a. O. 1. われわれは，1717年にユトレヒトで出された再版に収められている1705年のオリジナル・テキストに従って，引用翻訳する．これは，マンハイム大学図書館に所蔵の二冊で閲覧できる（蔵書番号：84/204 と Wk 2385)．ドイツ語の引用は，ラテン語序文のテキストの最後にかっこに入れて表示されている頁に関わる．この序文そのものには頁付けがないが，引用の際に序文の始まりは 1ff. から数えた．

15) Vorrede, a. a. O. 3.

16) 同上：5.

17) 同上：18.

18) 同上：16.

19) 同上：

20) *Index librorum prohibitorum*, Romae 1758, 202.

21) G. E. Lessing, *Werke*, hrsg. v. H. G. Göpfert, Bd. 2, Darmstadt 1996 (= München 1971), 276-280. 以下も参照：H. Göbel (Hrsg.), *Lessings "Nathan". Der Autor, der Texte, seine Umwelt, seine Folgen*, Berlin 1977.

22) 以下の引用は上掲書の次の個所である〔日本語訳は，原則として浅井真男訳『賢人ナータン』（世界古典文庫（日本評論社）版）を借用したが，用字法と語句を若干変えたところもある．以下，当該頁をかっこ内に示す〕．同上：Dritter Aufzug, 7. Auftritt, Verse 413-417（235頁），456-474（238頁以下），483-491（240頁以下），499-508（242頁），524-532（243頁以下）．以下も参照：F. Niewöhner, *Veritas sive Varietas. Lessings Toleranzparabel und das Buch Von den drei Betrügern* (Bibliothek der Aufklärung V), Heidelberg 1988; C. Menze, Zur Geschichte der Toleranzidee von der Frühaufklärung bis zum Neuhumanismus in Deutschland, in: J. Schneider (Hrsg.), *Kulturelle Vielfalt als Problem für Gesellschaft und Schule* (Münstersche Gespräche zu Themen der wissenschaftlichen Pädagogik 13), Münster 1996, 24ff.

23) 以下を参照：H. Küng, Religion im Prozeß der Aufklärung, in: ders./W. Jens (Hrsg.), *Dichtung und Religion*, München 1985, 86.

24) 同上：97ff.

25) H. Bürkle, *Der Mensch auf der Suche nach Gott-Die Frage der Religionen*, Paderborn 1996, 60.

26) 以下を参照：W. Jens, Nathans Gesinnung ist von jeher die meinige gewesen, in: H. Küng/W. Jens (Hrsg.), *Dichtung und Religion*, a. a. O. 114f.

27) 以下を参照：H. Küng, *Religion im Prozeß der Aufklärung*, a. a. O. 96. また以下も参照：H.-G. Werner, Göttliche und menschliche Vernunft-Lessing über die Möglichkeit einer humanen Zukunft, in: L. Bornscheuer/H. Kaiser/J. Kuhlenkampf (Hrsg.), *Glaube-Kritik-Phantasie-Europäische Aufklärung in Religion und Politik, Wissenschaft und Literatur*, Frankfurt/M. 1993.「宗教の平和なくして世界の平和なし」，このスローガンをもってH.キュンクはレッシングの思考モデルを取り上げている：以下を参照：H. Küng, *Projekt Weltethos*,

München 1990, u. ö.

28) 以下を参照：H. Piepmeier, Aufklärung I-Philosophisch, in: TRE I, 575-594.

29) 以下を参照：M. Schmidt, Aufklärung II-Theologisch, in: TRE I, 594-608.

30) 以下を参照：W. Conze/V. Hentschel, *Deutsche Geschichte*, Freiburg 1994, 154f.

31) 以下を参照：R. H. Tenbrock/K. Kluxen, *Zeit und Menschen-Das Werden der modernen Welt (1648-1918)*, Bd. 3, München 1977, 54f.

VIII 「植民地主義の影のなかでの宣教」

1) J. Baumgartner, Die Ausweitung der katholischen Mission von Leo XIII. bis zum Zweiten Weltkrieg, in: HdK VI/2, 550.

2) 以下を参照：L. Hagemann, Nordafrika, in: K. Müller/W. Ustorf (Hrsg.), *Einführung in die Missionsgeschichte*, a. a. O. 66-81.

3) U. Schoen, *Vom Leben und Sterben der Kirche in Nordafrika*, a. a. O. 22.

4) U. Schoen, Jean Faure, *Missionar und Theologie in Afrika und im Islam*. Göttingen 1984, 105; D. B. Barret (ed.), *World Christian Ensyclopedia, A Comparative Survey of Churches and Religions in the Modern World AD 1900-2000*, Oxford 1982, 136-138, 458-460, 497-500, 677-679; H. Teissier, *Eglise en Islam*, Paris 1984.

IX 歴史的・批判的イスラーム研究の始まり

1) 以下を参照：J. Waardenburg, *L'Islam dans le miroir de l'Occident* (Recherches Méditerranéennes III), Paris-La Haye 1970; B. Lewis, *Islam in history*, London 1973, 11-32; M. Rodinson, Das Bild im Westen und westeliche Islamstudien, in: J. Schacht/C. E. Bosworth (Hrsg.), *Das Vermächtnis des Islams*, 2 Bde., Zürich-München 1980；ここではI, 24-81; G. Endreß, *Einführung in die islamische Geschichte*. a. a. O. 18ff.

2) Th. Nöldeke, *Geschichte des Qorans. 1: Über den Ursprung des Qorans*. Bearbeitet von Friedrich Schwally, Leipzig 1909. 2: *Die*

Sammlung des Qorans. Völlig umgearbeitet von Friedrich Schwally, Leipzig 1919. 3: *Die Geschichte des Qorantextes*. Von Gotthelf Bergsträsser und Otto Pretzl, Leipzig 1938. 復刻版は：Hildesheim 1961; 1970.

3) J. Fück, *Die arabischen Studien in Europa bis in den Anfang des 20. Jahrhunderts*, Leipzig 1955, 226.

4) C. H. Becker, *Islamstudien. Vom Werden und Wesen der islamischen Welt*, Bde. 1/2, Leipzig 1924/32, 65; 復刻版：Hidesheim 1967.

5) *Verspreide Geschriften-Gesammelte Schriften von C. Snouk Hurgronje*. Bde. I.-V., Bonn-Leipzig 1923/25; Bd. VI mit Index und Bibliographie: Leiden 1927.

6) 特に以下の彼の書物を参照：J. Wellhausen, *Skizzen und Vorarbeiten* (1884/99), *Die religiös-politischen Oppositionsparteien im alten Islam* (1901), *Das arabische Reich und sein Sturz* (1902).

7) 以下を参照：L. Caetani, *Annali dell'Islam* (1905/27), *Chronographia islamica* (1913/22).

8) D. B. Macdonald, *Development of Muslim theology, jurisprudence and constitutional theory*, New York 1903 etc. 最後の版は: Beirut 1965.

9) 以下を参照：L. Hagemann, Art. Massignon, Louis-Ferdinand-Jules, in: LThK VI (1997), 1463 (Lit.).

10) L. Massignon, *La passion d'al Hosayn-ibn-Mansur al-Hallaj, martyr mystique de l'Islam, exécuté à Bagdad le 26 mars 922. Etude d'histoire religieuse*, 2 vol. Paris 1922, ²1975. 以下も参照：Y. Moubarac, *Pentalogie islamo-chrêtienne*, t. 1: L'œuvre de Louis Massignon, Beyrouth 1972.

11) Heinrich Speyer, *Die biblische Erzählungen im Qoran*, Gräfenhainichen 1931；復刻版：Darmstadt 1961.

12) Denisse Masson, *Le Coran et la rêelation judéo-chrêtienne. Études comparés*, vol. 1/2, Paris 1958.

13) Gerges Chehade Anawati, Louis Gardet, *Mystique musulmane. Aspects et tendances-expêriences et techniques*, Paris 1961, ³1976.

14) 彼については以下を参照：L. Hagemann, Robert Kaspar WV-

Promotor christlich-islamischer Ókumene. Zum 75. Geburtstag des Jubilars, in: ders./R. Albert (Hrsg.), *Dialog in der Sackgasse?* Christen und Muslime (Religionswissenschaftliche Studien, Bd. 46), Würzburg-Altenberge 1998, 17-29.

15) *The Qur'an. Translated, with a critical re-arrangement of the Surahs by Richard Bell*, Vol. 1/2, Edinburgh 1937/39; repr. 1960.

16) *The Koran interpreted. By Arthur J. Arberry*, Vol. 1/2, London 1955; ³1971. パキスタンからも英語の翻訳が刊行されている：Abdallah Yusuf Ali, *The Glorious Qur'an. Translated and commentary*, 2 vols, Lahore 1935, ³1938；復刻版：Beirut（発行年なし）.

17) Régis Blachère, *Le Coran. Traduction selon un essai de reclassement des sourates*, vol. 1/2, Paris 1949/51.

18) D. Masson, Paris 1967; Beirut 1980.

19) Max Henning, Reclams Universal-Bibliothek (4206-10), Stuttgart 1960; ²1970. Kurt Rudolf による改訂版は，Lipzig 1965.

20) *Der Koran. Übersetzung von Rudi Paret, Stuttgart* ⁵1989; Der Koran. Kommentar und Konkordanz von Rudi Paret, Stuttgart ⁴1990.

21) *Der Koran. Übersetzung von A. Th. Khoury, Unter Mitwirkung von Muhammad Salim Abdullah*, Gütersloh 1987; ²1992.

22) *Der Koran. Arabisch-Deutsch, Übersetzung und wissenschaftlicher Kommentar*, 10 Bde, Gütersloh 1990-1999.

23) 以下を参照："Declaratio de ecclesiae habitudine ad religiones non-christianas": AAS 58 (1966) 740-744, 公式のドイツ語訳は：LThK, Das Zweite Vatikanische Konzil, Bd. II, Freiburg-Basel-Wien 1967, 489-495（ラテン語テクストを付す：488ff.)；特にイスラーム関係は Nr. 3. これについては，G. C. Anawati, "Exkurs zum Konziltext uber die Muslim", in: ebd. 485-487.〔公式の日本語訳は，南山大学監修『第二バチカン公会議・公文書全集』中央出版社，1986年，197-200頁〕

24) K. Hock, *Der Islam im Spiegel westlicher Theologie* (Kölner Veröffentlichungen zur Religionsgeschichte, Bd. 8), Köln-Wien 1986, 39. この世界宣教会議についての最初の概観は W. Günther が以下の文献で与えている：K. Müller/Th. Sundermeier (Hrsg.), *Lexikon mis-*

sionstheologischer Grundbegriffe, Berlin 1987, 533–539.

25） 以下を参照：K. Hock, *Der Islam im Spiegelbild westlicher Theologie*, a. a. O. 85ff.

26） 以下を参照：同上：135ff.

27） 以下を参照：同上：137f.

28） 以下を参照：同上：138f.

29） 以下を参照：同上：120ff.

30） 同上：122.

X 歩み寄りと隔絶の間 未解決の問題領域

1） 以下を参照：L. Hagemann, *Christentum und Islam zwischen Konfrontation und Begegnung* (Religionswissenschaftliche Studien, Bd. 4), Würzburg-Altenberge [3]1994.

2） 以下を参照：L. Hagemann/R. Albert (Hrsg.), *Dialog in der Sackgasse? Christen und Muslime zwischen Annäherung und Abschottung* (Religionswissenschaftliche Studien, Bd. 46), Würzburg–Altenberge 1998.

3） In: LThK, *Das Zweite Vatikanische Konzil*, Bd. II, Freiburg–Basel –Wien 1966, 489–495: Nr. 3. これについては，G. C. Anawati, "Exkurs zum Kontext über die Mulime", in: 同上：485–487.〔日本語訳は，南山大学監修『第二バチカン公会議・公文書全集』中央出版社，1986年，198頁に従った．〕

4） 以下を参照：Hagemann/E. Pulsfort, *Maria, die Mutter Jesu, in Bibel und Koran* (Religionswissenschaftliche Studien, Bd. 19), Würzburg–Altenberge 1992.

5） Art. 16, in: LThK, *Das Zweite Vatikanische Konzil*, Bd. 1, a. a. O. 205（日本語訳は，南山大学監修『第二バチカン公会議・公文書全集』中央出版社，1986年，59頁に従った．用語法を統一した箇所がある）．

6） 1982年２月14日にカドゥナ〔ナイジェリア〕で住民，とりわけムスリムに宛ててなされた，教皇の呼びかけ：in: *Der Apostolische Stuhl*, 1982, Köln 1984, 263.

7） "... und der Fremdling, der in deinen Toren ist". Gemeinsames Wort der Kirchen zu den Herausforderung durch Migration und

Flucht, hrsg. v. Kirchenamt der Evangelischen Kirche in Deutschland und dem Sekretariat der Deutschen Bischofskonferenz in Zusammenarbeit mit der Ökumenischen Centrale der Arbeitsgemeinschaft Christlicher Kirchen in Deutschland, Bonn-Frankfurt/M.-Hannover 1997. このテーマに関する同名の手引きも参照：同上：1998.

8) F. Mernissi, *Der politische Harem. Mohammed und die Frauen* (Herder Spektrum 4104), Freiburg-Basel-Wien ^{3}1998, 252.

9) 以下を参照：C. Colpe, *Problem Islam*, Weinheim ^{2}1994, 115.